开发智力的数字谜题

陈书凯◎编著

中国纺织出版社

内 容 提 要

数学是一种特殊的科学，它看起来简单，其实高深莫测，很能开悟大脑。本书就提供了这样几百种看似简单实际却令人欲罢不能的娱乐游戏，通过学习，孩子可在充满趣味的环境中提升数学思维能力，开发大脑。

图书在版编目（CIP）数据

开发智力的数字谜题／陈书凯编著. -- 北京：中国纺织出版社，2013.6 （2024.1重印）

（青少年脑力游戏厅）

ISBN 978-7-5064-9292-8

Ⅰ.①开… Ⅱ.①陈… Ⅲ.①智力游戏—青年读物②智力游戏—少年读物 Ⅳ.①G898.2

中国版本图书馆CIP数据核字（2012）第248497号

策划编辑：徐屹然　　责任编辑：赵晓红

特约编辑：张　予　　责任印制：储志伟

中国纺织出版社出版发行

地址：北京朝阳区百子湾东里A407号楼　邮政编码：100124

邮购电话：010—64168110　传真：010—64168231

http: //www.c-textilep. com

E-mail: faxing@c-textilep. com

北京兰星球彩色印刷有限公司　各地新华书店经销

2013年6月第1版　2024年1月第3次印刷

开本：787×1092　1/16　印张：12

字数：104千字　定价：36.00元

凡购本书，如有缺页、倒页、脱页，由本社图书营销中心调换

前言

在美国著名作家丹·布朗撰写的《达·芬奇密码》中，作者一开始就向人们展示出这样一幅画面：卢浮宫博物馆的馆长尸体旁出现了一串令人难以捉摸的密码，即3，5，13，21，1，1，2，8，显然这是一组被打乱的数，在被打乱之前它们之间有一个非常有趣的规律。

当法国颇有天分的密码破译专家索菲·奈芙赶到现场时，却告诉人们这只是一个数列——世界上有名的斐波纳契数，它前两个数之和等于后一个数。它的正确顺序应该是1，1，2，3，5，8，13，21。然而，正是这一串令人匪夷所思的数字，使故事更为扣人心弦，因为越是简单，背后就越有着更为深刻的东西。

姑且不提作者精湛的写作技艺，单单就一串数字引发出来的故事就足以吸引住众多人的眼球。数字的魅力不仅体现在文学领域，在我们平常的生活中同样出现频繁，不少人因为没有把握数字本身的奥秘，在很多事情上都吃了哑巴亏。为什么不主动改变这种状况呢？

数字思维是一种化繁为简的学问，拥有良好的数字思维能力，可以帮助我们懂得“什么是解决问题的关键，什么可以忽略不计”。在日常生活和工作中，这种透过现象看本质的思维能力非常重要。因此，玩数字游戏的意义，并不在于解决提出的问题本身，而在于活跃思维，打开脑力活动的通道，让你的头脑动起来，以便应用在其他问题上。

本书通过多样化的数字游戏，活化你的脑细胞。虽然都是看似简单的游戏，却能给你的头脑带来震撼性的冲击，是你头脑思维的最佳训练场。书中三百多个经典的数字思维游戏，都配有生动活泼的插图和浅显易懂的答案解析，让你真正去数字王国里体验了一把。在这些游戏中，你不仅可以获得很多趣味性知识，更重要的是它会在无形中激发你的潜能，锻炼你的数字思维。

人常说：真正有趣、有魅力的东西不是轻易显露在外的。只要你全身心地投入到数字游戏中，就能揭开数字这层神秘的面纱，提升自己的数字思维能力，真正感受到数字的魅力所在。本书不仅会让已痴迷其中的人爱不释手，更会吸引其他希望提升自己数字思维能力的人参与其中。

编著者

2013年2月

Contents

题目篇

题目篇

1.台阶知多少

水水和果果在玩跳台阶的游戏，水水每一步跳2个台阶，最后剩下1个台阶；果果每一步跳3个台阶，最后剩下2个台阶。水水计算了一下，如果每步跳6个台阶，最后剩5个台阶；如果每步跳7个台阶，正好一个不剩。

你知道台阶到底有多少个吗?

2.骄傲的乌龟

有一次乌龟和兔子又要比赛谁跑得快。乌龟对兔子说：你的速度是我的10倍，每秒跑10米。如果我在你前面10米远的地方，当你跑了10米时，我就向前跑了1米；你追我1米，我又向前跑了0.1米；你再追0.1米，我又向前跑了0.01米……以此类推，你永远要落后一点点，所以你别想追上我了。

乌龟说得对吗?

3.看不见的数字

下列数字中隐藏着两个数，其中一个是另一个的两倍，两个数相加的和为10743。这两个数是什么?

4.神奇的镜子

有4个数字（两组）在镜子里面看数字的顺序相反，它们两者之间的差均等于63。

请问：这两组数字分别是什么?

5.它们值多少钱

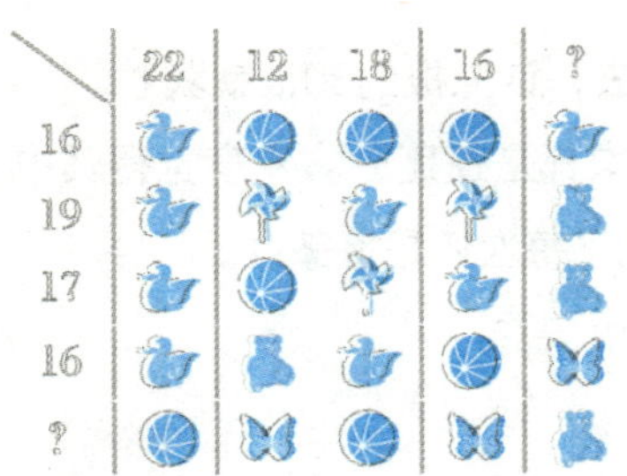

左边每种玩具都有一个价格，图中的数字表示该行和列所示的和，你能把未知的总价算出来吗?

6.聪明的蕾蕾

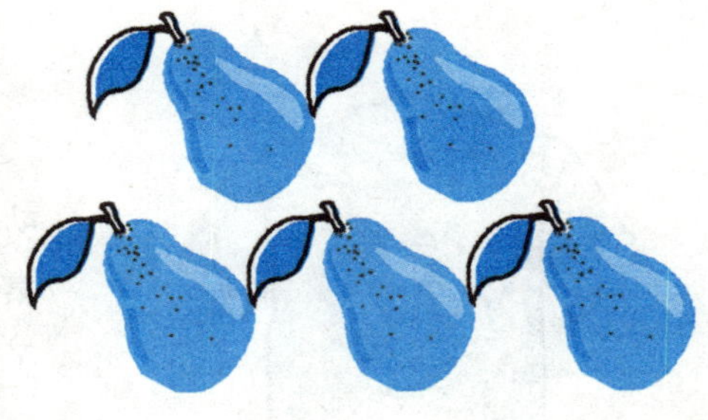

蕾蕾家里来了 5 位同学。蕾蕾想用鸭梨来招待他们，可是家里只有 5 个鸭梨，怎么办呢？谁少分一份都不好，应该每个人都有份（蕾蕾也想尝尝鸭梨的味道）。那就只好把鸭梨切开了，可是又不好切成碎块，蕾蕾希望每个鸭梨最多切成 3 块。于是，又面临一个难题：给 6 个人平均分配 5 个鸭梨，任何一个鸭梨都不能切成 3 块以上。蕾蕾想了一会儿就把问题解决了。你知道她是怎么分的吗?

7.谁先到30

蓬蓬和亨亨玩一种叫“抢30”的游戏。游戏规则很简单：两个人轮流报数，第一个人从1开始，按顺序报数，他可以只报1，也可以报1，2。第二个人接着第一个人报的数再报下去，但最多也只能报两个数，而且不能一个数都不报。例如，第一个人报的是1，第二个人可报2，也可报2，3；若第一个人报了1，2，则第二个人可报3，也可报3，4。接下来仍由第一个人接着报，如此轮流下去，谁先报到30谁就获胜。

蓬蓬很大度，每次都让亨亨先报，但每次都是蓬蓬胜。亨亨觉得其中肯定有猫儿腻，于是坚持要蓬蓬先报，结果几乎每次还是蓬蓬胜。

你知道蓬蓬必胜的策略是什么吗?

8.小小的运动服

小小参加学校的运动会，他的运动服上的号码是个四位数。一次，同桌倒立着看小小的号码时，发现变成了另外的四位数，还比原来的号码要多“7875”。你知道小小运动服上的号码是多少吗?

9.哪里出问题了

3个人住宿时，每人10元，将30元交给服务员后，再交到会计那里去。会计给打了个折找回5元。服务员中间私吞了2元，只还给他们3元。

3人分3元，每人退回1元，合计每人付了9元，加在一起共27元，再加上服务员私吞的2元，一共29元。怎么也与付账的钱对不上。

是哪里出了问题呢?

10.巧填数字

请问下面问号处该填什么?

☆＋¤－◇=6

☆×¤×◇=30

☆－¤－◇=0

☆＋¤＋◇=?

11.破译密码

某军队总司令部截获一份秘密情报。经过初步破译得知，下月初，敌军的三个师团兵将分东西两路再次发动进攻。在东路集结的部队人数为“ETWQ”，从西路进攻的部队人数为“FEFQ”，东西两路总兵力为“AWQQQ”，但到底是多少却无从得知。后来，苦思不得其解的密码竟然被一位数学老师破译了。你知道数学老师是怎么破译的吗?

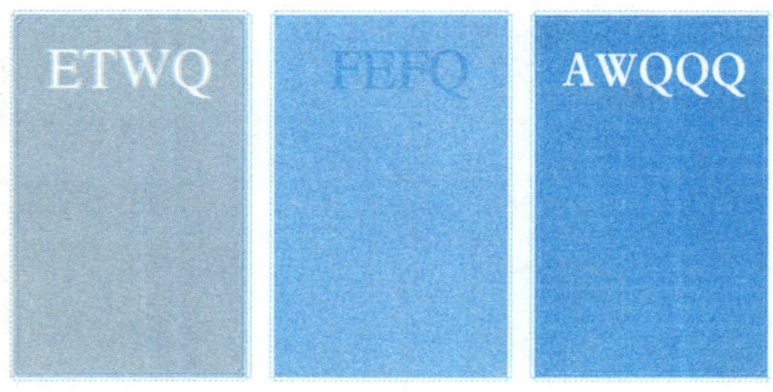

12.粮食的重量

大米、小米和玉米分别装在3只袋子里，它们的重量都在35~40斤之间。用一台最少50斤的磅秤，最多称几次就能称出小米、大米和玉米各重多少?

13.猜年龄

年年比艾丽大，比阿伦小。艾丽比小菲和阿修大。阿修比卡卡和小菲小。阿伦比小菲和阿修大，但比卡卡小。请问几个人中，谁是最大的？谁是最小的？

14.丁丁的年龄

丁丁从出生那年起，每年过生日都会收到毛毛熊，收到的毛毛熊的个数等于她该年的年龄。到今年为止，她已经收到了276只毛毛熊。

请问：丁丁今年多大了？

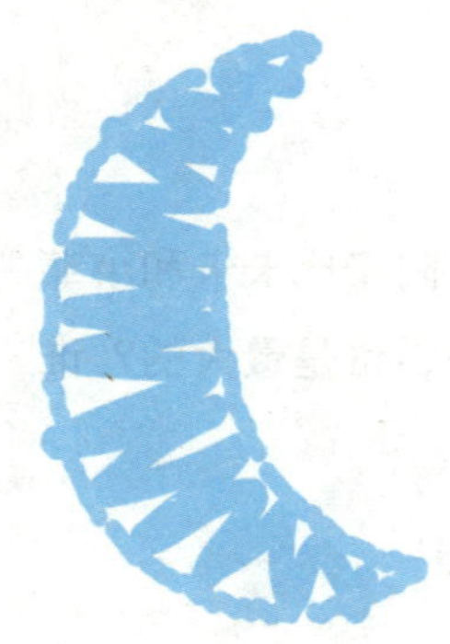

15.月牙弯弯

月初的时候，月亮显现出来的是月牙形。请你用两条直线把一个月牙形分成6部分。

16.神奇的“5”

下面有4个数字“5”，你能写出由4个数字“5” 组成的得数是1～6的算式吗?

注：+、－、×、÷和（ ）均可以用。

1=5 5 5 5

2=5 5 5 5

3=5 5 5 5

4=5 5 5 5

5=5 5 5 5

6=5 5 5 5

17.随机号码

从下边的数字中随便找出3个数字组成一个号码，但其中任意2个数字不能来自同一行或同一列。判断哪组号码能被3除尽。这样选择的号码无法被3除尽的可能性有多少?

18.多少小兔子

一对兔子每个月可以生一对小兔子，而一对兔子生下后第二个月也开始生小兔子。那么，从刚出生的一对兔子算起，满一年时可以繁殖出多少对兔子?

19.农夫的遗嘱

一农场主在遗书中写道：妻子分全部牛半数加半头，长子分剩下牛半数加半头，次子分再剩下牛半数加半头，幼子分最后剩下牛半数加半头。

结果一头牛没杀，一头牛没剩，正好分完。请问农夫留下几头牛?

20.巧填数字

请在圆圈里面填上合适的数字。

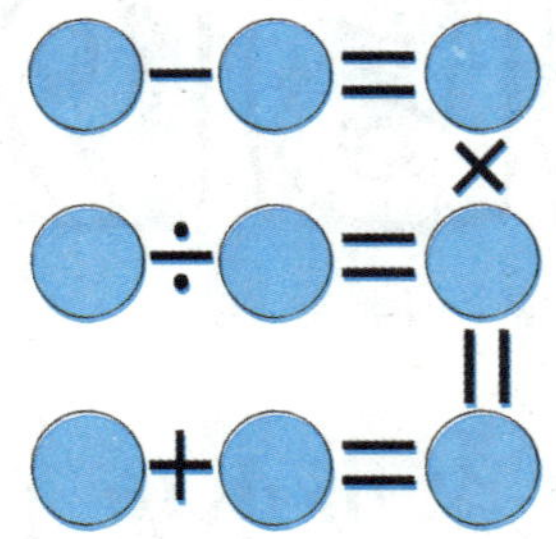

21.日历求和

右面台历上斜着的三个日期数字之和为42，请问这三个日期为哪三天呢?

六月						
星期日	星期一	星期二	星期三	星期四	星期五	星期六
		?				
			?			
				?		

22.哪一个多

桌子上放着同样大小的两个瓶子，一瓶装着白酒，一瓶装着水，两个瓶子里的液体一样多。如果用小勺从第一个瓶子中取出一勺白酒，倒入第二个瓶子中，搅匀后，再从第二个瓶子中取一勺混合液，倒回第一个瓶子中。那么这时是白酒中的水多，还是水中的白酒多呢?

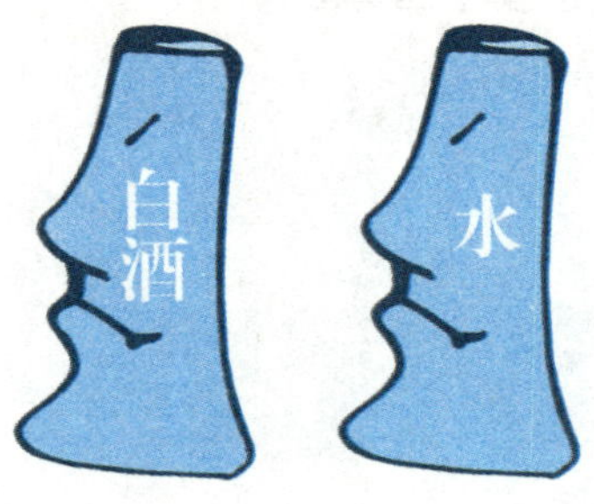

23.巧分果汁

7个满杯的果汁、7个半杯的果汁和7个空杯，平均分给3个人，该怎么分?

24.公主待嫁

所罗门王有一个漂亮的待嫁女儿。周边许多国家的王子和侯爵都想迎娶这位美丽的公主。为了考验求婚者的智慧，所罗门王随手画了一个用许多三角形组成的图案，要求求婚者数这个图案里一共有多少三角形，数对的就可以迎娶公主。

你能数出图案中有多少个三角形吗?

25.多少瓶啤酒

5个空瓶可以换1瓶啤酒，一个酒鬼一星期内喝了161瓶啤酒，其中有一些是用喝下的空瓶换的。请问：他至少买了多少瓶啤酒?

26.计算损失

顾客拿了一张百元钞票到商店买了25元的商品，老板由于手头没有零钱，便拿这张百元钞票到朋友那里换了100元零钱，并找了顾客75元零钱。

顾客拿着25元的商品和75元零钱走了。过了一会儿，朋友找到商店老板，说他刚才拿来换零钱的百元钞票是假钞。商店老板仔细一看，果然是假钞，只好又拿了一张真的百元钞票给朋友。

你知道，在整个过程中，商店老板一共损失了多少财物吗?

注：商品以出售价格计算。

27.律师的难题

一位古希腊寡妇要把她丈夫遗留下来的3500元遗产同她即将生产的孩子一起分配。如果生的是儿子，那么按照古希腊的法律：母亲应分得儿子份额的一半，如果生的是女儿，母亲就应分得女儿份额的两倍。可是如果生的是一对双胞胎——一男一女呢？遗产又该怎么分呢？这个问题把律师难倒了。聪明的你知道遗产该怎么分吗？

28.巧妙射击

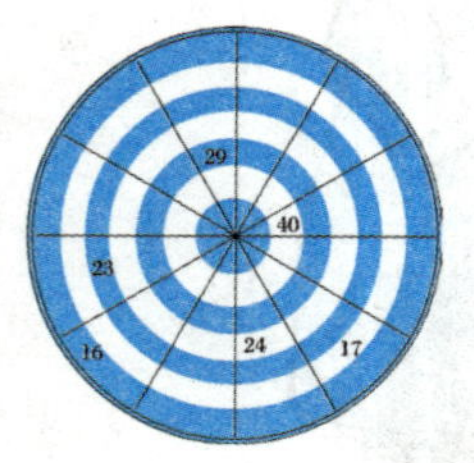

射击场上有一只独特的靶子，上面用数字标好了每环的分数，如左图。请问：假如你是射击手，你一共需要射多少支箭才能使总分正好等于100分？

29.恒等于14

有4个自然数，它们的和是14。如果把它们填入下列4个括号内，其计算的结果相加仍然是14。你能把这4个自然数找出来吗？

（ ）－1＝
（ ）×2＝
（ ）×3＝
＋（ ）－4＝
———————
14

30.吃白菜

如果3只山羊在6分钟内吃掉3棵大白菜，那么一只半山羊吃掉一棵半白菜需要多长时间?

31.平均分配

一位老财主生有4个儿子。他临死前，什么都没有留下，除了一块正方形的土地，土地上面有4棵每年都会结果的苹果树，树与树之间的距离是相等的，从土地的中心到一边排成一排。老财主把这个难题交给4个儿子，要求最聪明的儿子来把土地和果树平均分配，可是没有一个儿子能解答。你知道该怎么分吗?

32.结水成冰

冰融化成水后，它的体积减少1/12，那么当水再结成冰后，它的体积会增加多少呢?

33.作家的年龄

19世纪有一位著名的作家出生在英国，同样他又死于19世纪。他诞生的年份和逝世的年份都是由4个相同的数字组成，但排列的位置不同。他诞生的那一年，4个数字之和是14；他逝世那一年数字的十位数是个位数的4倍。

请问：该作家生于何年、死于何年?

34.猜数字

有两个数字，它们相加的和为101，两个数的差为27。请问这两个数字分别是多少?

35.卖鸡

一个人从市场上花8元钱买了只鸡，买了之后想想不合算，9元钱卖了。卖掉之后突然又嘴馋，于是花10元买了回来。回家一看家里有鸡，于是又11元卖掉了。这个人赚了多少钱?

36.巧妙的移动

有10只杯子，前面5只装有水，后面5只没有装水。移动4只杯子可以将盛水的杯子和空杯相间。现在只移动2只杯子也要使其相间，你可以做到吗?

37.农妇的鸡蛋

两个农妇共带100个鸡蛋去卖。一个带得多，一个带得少，但卖了同样的钱。一个农妇对另一个说：“如果我有你那么多的鸡蛋，我能卖15元。”另一个说：“如果我只有你那么多鸡蛋，只能卖6元。”

你知道两人各带了多少鸡蛋吗?

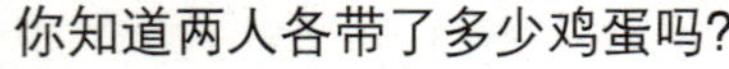

38.买卖古董

有一位古董商收购了两枚古钱币，后来又以每枚60元的价格出售了这两枚古钱币。其中的一枚赚了20%，另一枚赔了20%。请问：和他当初收购这两枚古钱币相比，这位古董商是赚是赔，还是持平了?

39.探险家的困惑

一天晚上，3个探险家为了抄近路，决定从宽4千米的山谷中穿过。他们走了很久，按时间计算应该到达目的地了，但每次总是莫名其妙地回到出发点附近。这就是人们经常所说的“鬼迷路”。你知道是怎么回事吗?

40.糊涂的当当

当当有4位好朋友，他们之间经常以书信联系，感情非常亲密。

有一天晚上，当当分别给4位朋友写信。他刚写好信正准备分装的时候，突然停电了。当当摸黑把信纸装进信封里，因为要赶着明天寄出去。妈妈说他这样摸黑装信的话会出错，当当说最多只有一封信装错。

你觉得当当说得正确吗?

41.商人的遗嘱

有一个拥有24匹马的商人，给3个儿子留下“传给长子1/2，传给次子1/3，传给幼子1/8”的遗言后就死了。但是，在这一天有1匹马也死掉了。这23匹马用2，3，8都无法除开，总不能把一匹马分成两半吧，这真是个难题。你知道应该怎样解决吗?

42.一次变正确

62-63=1是个错误的等式，能不能移动一个数字使得等式成立？移动一个符号让等式成立又应该怎样移呢?

62-63=1

43.金字塔求值

观察金字塔中数字的摆放规律，求A、B、C的值。

44.剧院人数

有个剧院在上演精彩节目，刚好120个座位全坐满了观众，而全部入场费刚好为120元。剧院的入场费收取办法是：男子每人5元，女子每人2元，小孩子则每人1角。那么，你可以据此算出男、女、小孩各有多少人吗?

45.淡定的阿凡提

有一次，财主把阿凡提抓了起来，他把阿凡提绑在水池的柱子上，然后又在水面上放了很多大冰块。这时，水面正好淹到阿凡提的脖子，财主想等到冰块融化后淹死阿凡提，但阿凡提却丝毫不害怕。你知道，冰块融化了之后水面会上升多高吗?

46.分糖果

3个小女孩一共有770颗糖果，她们打算如往常那样，根据她们年龄的大小按比例进行分配。以往，当二姐拿4颗糖果时，大姐拿3颗；当二姐得到6颗时，小妹可以拿7颗。你知道每个女孩可以分到多少颗糖果吗?

47.顾客的要求

一位顾客想寄很多封信。于是他递给邮局卖邮票的职员一张1元人民币，说道："我要一些2分的邮票和10倍数量的1分的邮票，剩下的全要5分的。"这位职员一听懵了，他要怎样做才能满足这个不会算数令人伤脑筋的顾客的要求呢?

48.案发时间

一天夜里，邻居听到一声惨烈的尖叫。早上醒来发现原来昨晚的尖叫是受害者的最后一声。负责调查的警察向邻居们了解案件发生的确切时间。一位邻居说是12:08分，另一位老太太说是11:40分，对面杂货店的老板说他清楚地记得是12:15分，还有一位绅士说是11:53分。但这4个人的表都不准确，在这些手表里，一个慢25分钟，一个快10分钟，还有一个快3分钟，最后一个慢12分钟。聪明的你能帮警察确定作案时间吗?

49.老钟的时间

有一台老钟，每小时慢4分钟，3点以前和一只走得很准的手表对过时，现在这只表正好指在12时。请问：老钟还需走多少分钟才能指在12时？为什么？

50.书虫

如右图，书架上放着4本书，分为1～4册。每本书的厚度都是3厘米，封面和封底的厚度都是1毫米。有一只书虫钻进了书中，它从第一册的封面开始啃书，一直啃到第四册的封底。你能计算出这只书虫啃了多少厚度的书吗？

51.巧妙的旅行

赤道上有A、B两个城市，它们正好位于地球上相对的位置。分别住在这两个城市的甲、乙两位科学家每年都要去南极考察一次，但飞机票实在是太贵了。围绕地球一周需要1000美元，绕半周需要800美元，绕1/4周需要500美元。按照常理，他们每年都要分别买一张绕地球1/4周的往返机票，一共要1000美元，但是他俩却想出一条妙计，都没花那么多的钱。你猜他们是怎么做的?

52.动物的价值

如果7只企鹅=2头猪，1只企鹅+1只鸟=1匹马，1头猪+1只鸟=1条狗，2头猪+5只企鹅=2条狗，4匹马+3条狗=2只鸟+8头猪+3只企鹅，已知企鹅的值为2，那么狗、马、鸟和猪的值分别为多少?

53.五个算式

用四个“4”列出得数为1，2，3，4，5的五个算式。

4　4　4　4＝1
4　4　4　4＝2
4　4　4　4＝3
4　4　4　4＝4
4　4　4　4＝5

54.开始有多少钱

3个探险家结伴去原始森林探险，路上觉得十分乏味就聚在一起玩牌。

第一局，甲输给了乙和丙，使他们每人的钱数都翻了一番。第二局，甲和乙一起赢了，这样他们俩钱袋里面的钱也都翻了倍。第三局，甲和丙又赢了，这样他们俩钱袋里的钱都翻了一倍。因此，这3位探险家每人都赢了两局而输掉了一局，最后3个人手中的钱是完全一样的。细心的甲数了数他钱袋里的钱发现他自己输掉了100元。你能推算出来甲、乙、丙三人刚开始各有多少钱吗？

55.只称一次

一位从事多年海关工作的关员在照例检货物时，发现面前的胖先生在物品重量一栏有涂改的痕迹。关员再次细心核对，这是一批型号重量都完全一样的汽车轴承，没有理由出现问题后更改重量。胖先生很狂妄地宣称里面确实有一箱轴承是特种轴承，但现在如果想检验的话至少要称9次，而装运的货轮马上就要出港了，时间已经来不及了。关员却说他不用称9次，他只需要称一次就知道哪一箱是特种轴承了，所以胖先生只好乖乖地去补交关税。

你知道这个聪明的关员是怎么称一次就能找出特种轴承吗？

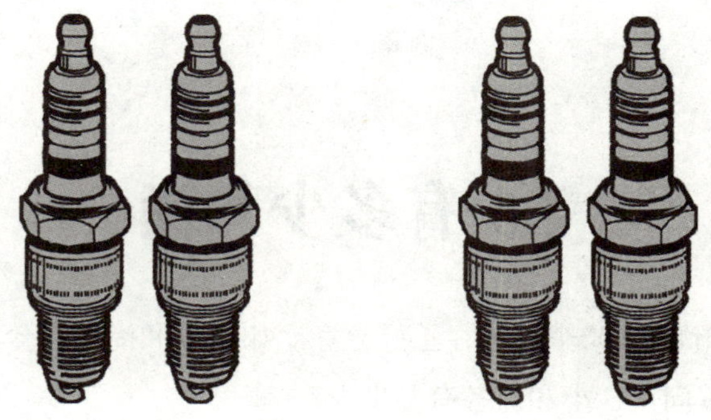

56.生蛋问题

5只鸡5天一共生5个蛋，50天内需要50个蛋，需要多少只鸡？

57.从哪里裂开

有一只猫非常顽皮，爬到桌子上把挂钟摔成了两半，两个半块钟表面上的数字之和恰巧相等。请问：钟表到底是从哪里裂开的呢?

58.有多少和尚

100个和尚分100个馒头，正好分完。如果老和尚一人分3个，小和尚3人分一个，试问大、小和尚各有多少人?

59.羊群问题

甲赶了一群羊在草地上往前走，乙牵了一只肥羊紧跟在甲的后面。乙问甲："你这群羊有100只吗？"甲说："如果再有这么一群，再加半群，又加1/4群，再把你的一只凑进来，才满100只。"请问：甲原来赶的那群羊有多少只？

60.由内到外

桌上有一个用火柴棒拼成的杯子，杯子内放有一颗樱桃。如果你想吃到这颗樱桃的话，只能挪动2根火柴棒，把樱桃从杯子中拿出来。你知道该怎么挪动吗？

61.巧妙称糖

有一个两臂不一样长却处于平衡状态的天平，给你2个500克的砝码，如何称出1千克的糖?

62.牛奶的重量

大龙买了一大瓶牛奶，他不知道牛奶重多少，但知道连瓶子共有3.5千克。现在，他喝掉了一半牛奶，连瓶子还有2千克。你知道瓶子有多重？牛奶又有多重吗?

63.巧填不等式

将1到9这九个自然数分别填在下图中的九个“[ ]”内，使不等式成立。

[ ] < [ ] > [ ]
∧　　∧　　∧
[ ] < [ ] > [ ]
∨　　∨　　∨
[ ] < [ ] > [ ]

64.丢失的数字

下面是两排有规律的数字，有一个数字丢失了，你能把它补上吗?

65.调皮的风

一阵清风把一堆没有装订的稿件吹散了，找回来的稿件中丢失了两页，请你想想是哪两页没有找回来呢?

66.冷饮的价格

一个人在饭店吃中午饭，加上冷饮，一共付了6元，饭钱比冷饮多5元。请问：冷饮花了多少钱?

67.出去了多久

小丽在6点多一点出去了，这时分针和时针为110度角，在7点不到一点回来，此时分针和时针刚好又成110度角。

请问：小丽出去多长时间?

68.跳几次才能出去

一只井底之蛙想出去见见世面，于是开始攀爬井壁。每爬一次，就上升3米，但在再次攀爬井壁前会下落2米,已知井深10米。请问：这只青蛙要攀爬几次才能爬出井去?

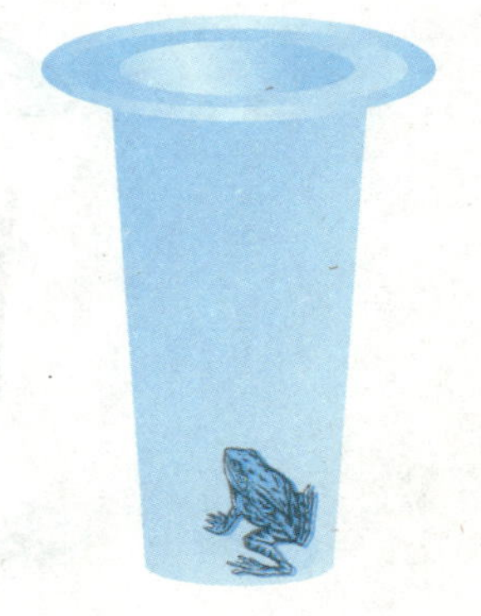

69.左边还是右边

小顽童最喜欢搞些自以为是的小把戏，常常把大人们逗得乐翻了天。一天，他摆出这样一个把戏：在一只睡着的小猫背上放上一根杠杆，在杠杆的左边放一只足球，杠杆的右边放一枝正在燃烧的蜡烛，此时杠杆正好平衡。假设在蜡烛燃烧尽之后猫还没有醒来，也没有动一下，或者翻一下身，足球将滚向左边还是右边?

70.聪明的妻子

有一天，猎人出去打兔子，直到天黑才回到家。他的妻子问："你今天打了几只兔子?"猎人说："打了6只没头的，8只半个的，9只没有尾巴的。"聪明的妻子马上就明白他打了几只。你知道吗?

71.风铃的拴法

小柔是一个喜欢动手的好孩子，她最喜欢自己动手做的就是风铃。这一天，她折了6颗风铃花，用一根1米长的绳子每隔0.2米拴1个正好。现在她不小心用剪刀剪坏了一个，重新折的话又没有多余的塑料膜了。现在还要求0.2米拴1个，绳子不能剩。请问：小柔该怎么拴?

72.小圆转了几圈

两个圆环，半径分别是1和2，小圆在大圆内部绕大圆圆周一周，问小圆自身转了几圈? 如果在大圆的外部，小圆自身转几圈呢?

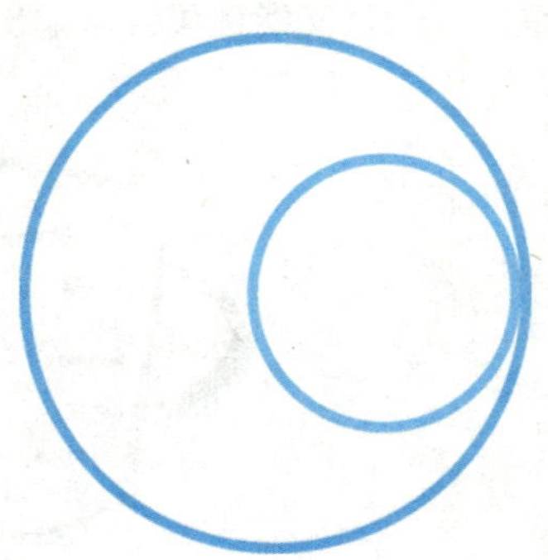

73. “田”变“品”

请你移动3根火柴棒，使“田”字变成“品”字。

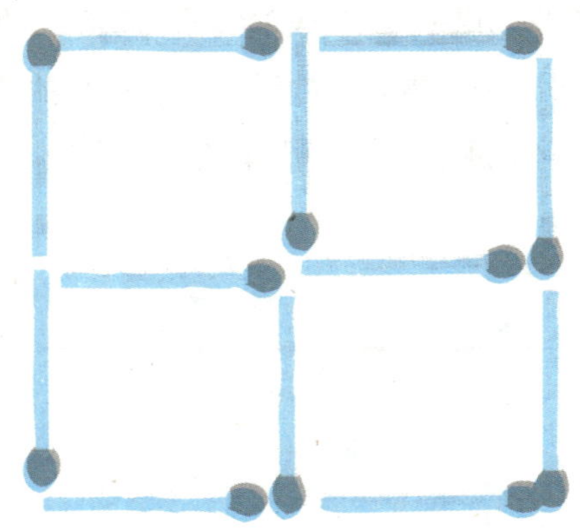

74.老板的难题

商店老板有一个圆柱状的果汁桶，容量是30升，他已经卖了8升给客人。小华和小力是他的老顾客，今天也来买果汁。小华带来的瓶子的容量是4升的，小力的则是5升的。然而小华只想买3升的果汁，小力想买4升的果汁，但今天商店老板的电子秤坏了，他应该怎么做才能使这两个老顾客得到各自想要的重量，而且又能使果汁不溢出容器?

75.哪三个数

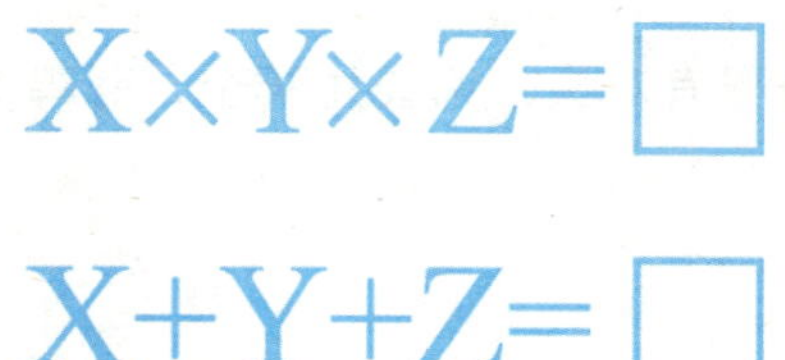

有三个不是0的数的乘积与它们之和都是一样的。请问：这三个数是什么？

76.半盒鸡蛋

往一只盒子里放鸡蛋，假定盒子里的鸡蛋数目每分钟增加一倍，一小时后，盒子满了。请问：在什么时候是半盒子鸡蛋？

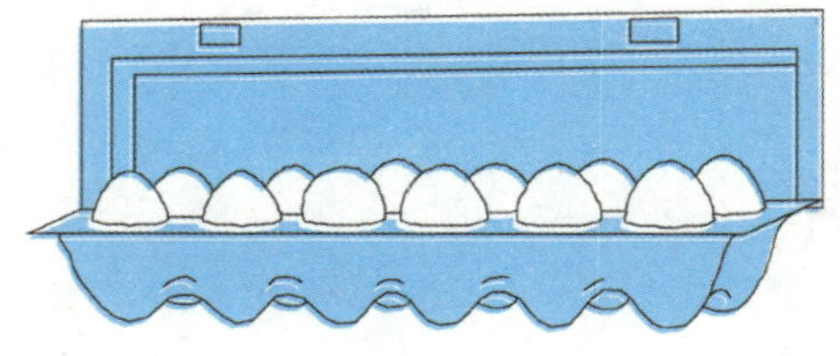

77.剩下几根蜡烛

停电了，小寒点燃了8根蜡烛，但外面有一阵风吹来，有3根被风吹灭了。过了一会，又有2根被风吹灭了。为了防止蜡烛再被吹灭，小寒赶紧关上了窗户，之后，蜡烛就没再被吹灭过。

你知道最后还能剩下几根蜡烛吗？

78.经典问题

若干只鸡、兔被关在同一个笼里，笼里有鸡头、兔头共36个，有鸡脚、兔脚共100只，问鸡和兔各有几只?

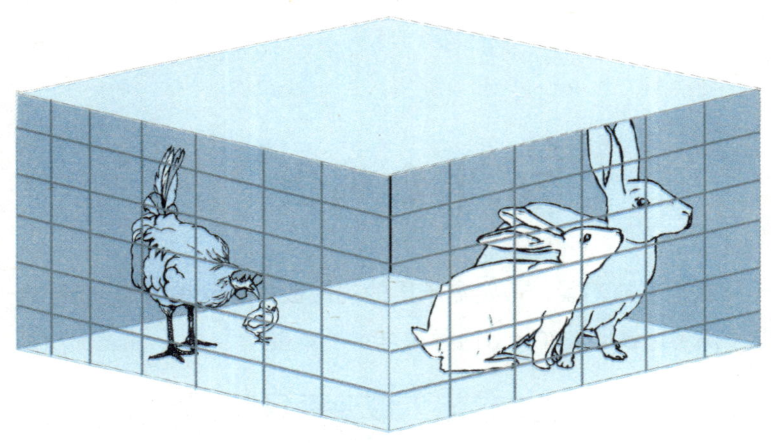

79.如何安排

将6个8组成若干个数，使其相乘和相加后等于800，你该如何排?

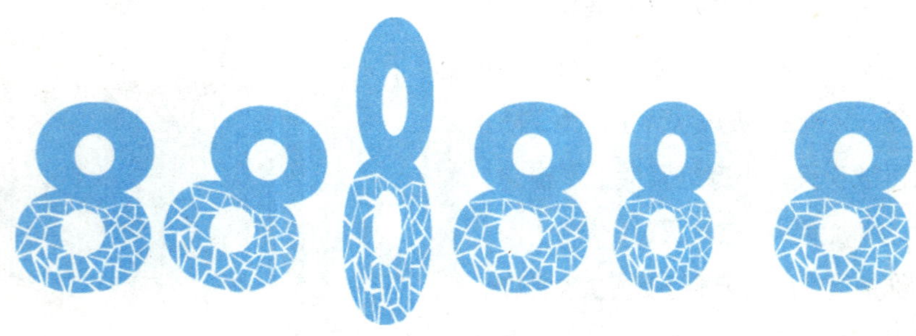

80.智过山洞

有一个山洞4米宽，下面是万丈深渊。山洞上没有桥，来往的人都是带着木板过桥。一次，大人带着3.9米长的木板要过一边去，小孩带着4.1米长的木板要到另一边去。大人的木板太短了，小孩又力气小，搭不了桥。两个人各自站在两边干着急。他们应该用什么方法才能够过山洞呢？

81.会同时到达吗

兔子和乌龟又要进行百米比赛了。这次比赛的结果是兔子赢了，当兔子到达终点的时候乌龟还差10米。如果把兔子的起跑线向后移10米，假设兔子在中途没有偷懒睡觉，它们会同时到达终点吗？

82.不见的正方形

美国的一个魔术师发现这样一个奇怪的现象：一个正方形被分割成几小块后，重新组合成一个同样大小的正方形时，它的中间却有个洞！

他把一张方格纸贴在纸板上，按图1画上正方形，然后沿图示的直线切成5小块。当他照图2的样子把这些小块拼成正方形的时候，中间真的出现了一个洞！

图1的正方形是由49个小正方形组成的，图2的正方形却只有48个小正方形。究竟出了什么问题？那一个小正方形到底去哪儿了？

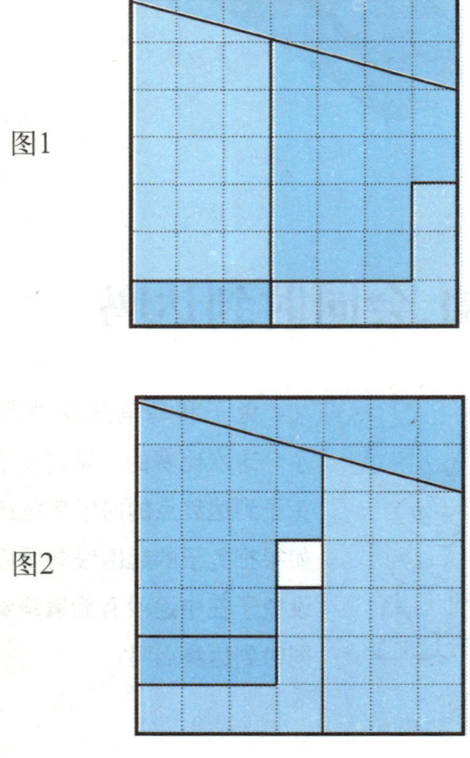

83.硬币变三角

10枚硬币排成倒三角形，如果让它变成正三角形，只允许移动3枚硬币，该怎么移？

84.分鸭子

多多家有两只刚出生不久的小鸭子，为了防止鸭子乱跑，多多就用8根木条分别围成两个互相不连接的正方形。这时，好心的邻居又送来了一只小鸭子，可是多多家没有多余的木条了，她该怎样用原有的木条围成3个正方形，让3只鸭子分别住进3个正方形里呢？

85.神奇的算式

两位数学老师相对坐在办公室看同一份作业，她们为了其中的一道题目争得面红耳赤，其中一个说："这个等式是正确的。""不，这完全是错误的。"另一个说。

请问：她们看的是一个什么式子呢?

86.规律

随意说出2个数字来，你能迅速算出它们的和减去它们的差的结果吗?

比如，125和43，310和56。

87.列算式

老师在黑板上写了1～9的阿拉伯数字，要求用这9个数字组成三个算式，每个数字只能用一次，而且只容许用加号和乘号。你能列出来吗?

88.布店的买卖

有一位姑娘到一家新开张的布店里要买两匹布，她精心挑了两匹布后问多少钱。店铺的伙计说：“姑娘真是好眼光，今天是本店的开张吉日，只收半价。”姑娘一听就说：“既然是半价，那我买你两匹布再把一匹布折合成一半的价钱还给你。这样咱们就两清了。”

如果你是这位伙计，你会答应这笔买卖吗?

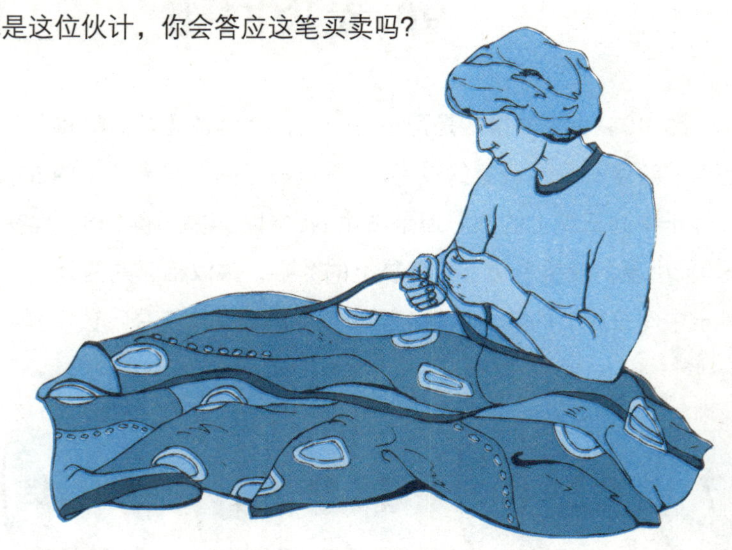

89.问号处填什么

如图所示，想想问号处该填入什么数字？

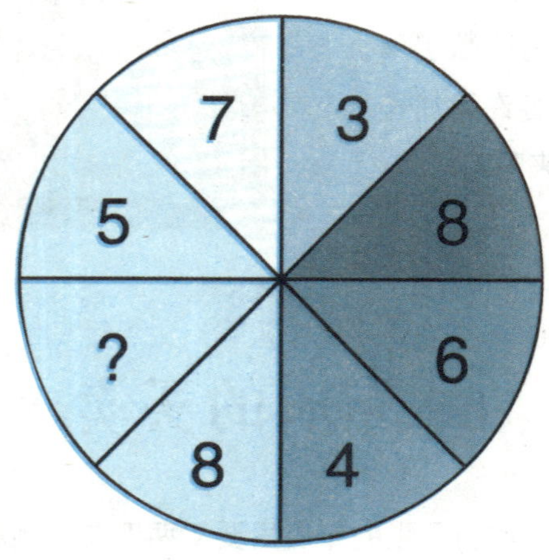

90.麦袋问题

图中9袋小麦的摆法是两边各一袋，然后各两袋，中间有三袋。如果我们以左边第一只麦袋上的数字7，乘以邻近的两只麦袋上的28，得196，正好等于中间三袋上的数。但是右边的5乘以34并不得196。现在请重新摆放这9袋小麦，使得最边上的麦袋上的数字，乘以相邻的两只麦袋上的数，都等于中间三袋上的数。请问：至少需要移动几个麦袋？该怎样移呢？

91.商人的钱币

在古代欧洲某个地方有这样一个规定：商人带着商品每经过一个关口，就要被没收一半的钱币，再退还一个。有一个商人，在经过10个关口之后，只剩下两个钱币了，你知道这个商人最初共有多少个钱币吗?

92.数字路线

在下面的数字路线图的空格中，填上1到9九个整数，使等式成立。

÷		−		−		×
				12		
×		+		+		÷
				11		
+		×		÷		=
		10	−	43		20

93.撕掉的日历

连着撕9张日历，日期数相加是54。请问：撕的第一张是几号？最后一张是几号？

94.爸爸的难题

丁丁家有一块奇形怪状的木板（如下图）。一天，爸爸想让丁丁把它拼成一个正方形，前提是只能锯两次。丁丁看了半天也不敢动手，你能帮帮丁丁吗？

95.放假

10个同学来到教室，为座位问题争论不休。有的人说，按年龄大小就座；有的人说，按学习好坏就座；还有人要求按个子高矮就座。

老师对他们说："孩子们，你们最好停止争论，任意就座。"

这10个同学随便坐了下来，老师继续说道："请记下现在就座的次序，明天来上课时，再按别的次序就座；后天再按新的次序就座，反正每次来时都按新的次序，直到每个人把所有的位子都坐过为止。如果哪一天正好每个人都坐在现在所安排的位子上，我将给你们放假一年。"

请你算算看，老师隔多少日子才给他们放假一年呢?

96.莱特的胜算

3个人面临着一场决斗。他们站着的位置正好构成了一个三角形。其中被称为“枪神”的人百发百中；被称为“枪怪”的人3枪能命中2枪；莱特枪法最差，只能保证3枪命中1枪。现在3人要轮流射击，莱特先开枪，“枪神”最后开枪。如果你是莱特，怎样做才能胜算最大呢?

97.排队

问：10个人要站成5排，每排要有4个人，怎么站?

98.算式谜题

请你在下面的三道算式里分别填上合适的运算符号，使等式成立。

① 2 3 4 5 6 7 1=51

② 5 6 7 1 2 3 4=51

③ 6 7 1 2 3 4 5=51

99.墓碑上的难题

过路人，这是我一生的经历，有兴趣的可以算一算我的年龄：我的生命前1/7是快乐的童年，过完童年，我花了1/4的生命钻研学问。在这之后，我结了婚。婚后5年，我有了一个儿子，感到非常幸福。可惜我的孩子在世上的光阴只有我的一半。儿子死后，我在忧伤中度过了4年，也跟着结束了我的一生。

一位数学家的墓碑上刻着这样一段话：“过路人，这是我一生的经历，有兴趣的可以算一算我的年龄：我的生命前1/7是快乐的童年，过完童年，我花了1/4的生命钻研学问。在这之后，我结了婚。婚后5年，我有了一个儿子，感到非常幸福。可惜我的孩子在世上的光阴只有我的一半。儿子死后，我在忧伤中度过了4年，也跟着结束了我的一生。”

根据墓碑上所刻的信息，你能计算出他的年龄吗?

100.花花分糖

星期天，花花家来了很多客人。花花就把自己藏了很久的棉花糖拿出来给大家分享。如果每人分5颗那还少3颗，如果每人分4颗就还剩3颗。你知道花花家来了多少个客人，花花有多少颗糖吗?

101.史密斯戒烟

史密斯先生的烟瘾很大，最近医生发出最后通告：如果他再不把烟戒掉，他的肺部就会穿孔。史密斯先生思考了一分钟，说："我抽完剩下的7支烟就再也不抽了。"不过，史密斯先生的抽烟习惯是，每支香烟只抽1/3，然后用某种透明胶把3个烟蒂接成一支新的香烟。

请问：在史密斯先生戒烟之前，他还能抽多少支香烟?

102.亨利太太的手表

亨利太太买了两只奇怪的手表，一只手表每小时要慢2分钟，而另一只手表每小时要快1分钟。十分生气的亨利太太再次去看的时候，发现走得快的那一只手表要比走得慢的那只手表整整超前了1 小时。你知道亨利太太的手表走了多少时间吗?

103.不相交的路

有3户人家合住在同一个小院里（如下图所示），但他们总是吵架，住得都很不开心。住在大房子的主人最先采取措施来改变这种状态——从他家的门口到图中下方修了一条封闭式的小路。住在右边房子里的主人也不甘示弱，他修了一条路通到左边的大门。最后，住在左边房子的主人也修了一条通到右边的大门。但令人惊奇的是，这几条路都互不相交。你能正确地画出这三条路吗?

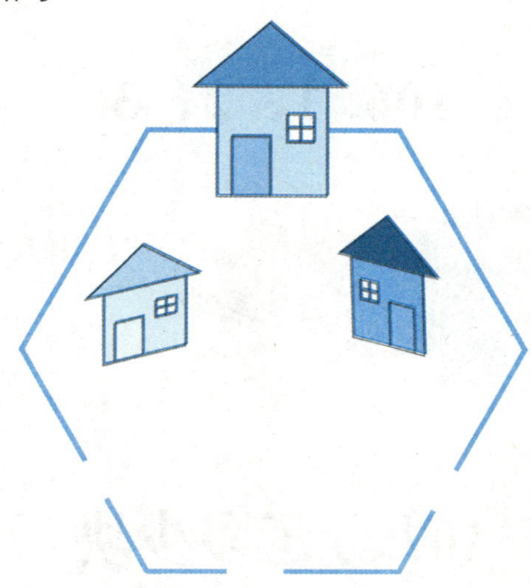

104.称重量

现有1克、2克、4克、8克、16克的砝码各一个。称量时，砝码只能放在天平的一端，用这5个砝码组合可以称出几种不同的重量?

105.填数字

在右面这个数字城堡填入1~16这些数字，使城堡中横、竖、对角线、中间四个数以及角上四个数之和均为34，并且每个数字只能出现一次。你能做到吗?

106. 1，2，3

1，2，3所能组成的最大数是多少?

107.分了多少块

今天是婷婷的生日。姑姑给她送来了一个大蛋糕（如下图），婷婷特别高兴。但是姑姑给她出了一个难题：切1刀可以把蛋糕切成2块，第2刀与第1刀相交切可以切成4块，第3刀最多可以切成7块。问经过6次这样呈直线的切割，最多可以把蛋糕切成多少块？你知道吗?

108.猜猜三位数

有一个奇怪的三位数，减去7后正好被7除尽；减去8后正好被8除尽；减去9后正好被9除尽。你猜猜这个三位数是多少?

109.三刀切饼

张师傅是一个烙煎饼的。有一次，一位顾客说家里来了很多客人，所以他想请张师傅尽最大努力把一张煎饼切成8块，但只能切三刀。张师傅真的用三刀把顾客的要求给满足了。你知道张师傅是怎么切的吗?

110.小安家的鱼

小安家的鱼缸里养了很多热带鱼，其中有五彩神仙鱼、虎皮鱼。现在知道两种鱼的数目相乘的积数在镜子里一照，正好是两种鱼的总和。你能算出两种鱼各是多少条吗?

111.剩下的牌

有9张纸牌，分别为1~9（纸牌中A代表1）。A、B、C、D四人取牌，每人取2张。现已知A取的两张牌之和是10；B取的两张牌之差是1；C取的两张牌之积是24；D取的两张牌之商是3。请说出他们四人各拿了哪两张纸牌，剩下的一张又是什么牌？

112.有多少正方形

阿拉伯国家的人喜欢戴头巾，他们的头巾各式各样，十分好看。下面这块带刺绣的正方形头巾是由很多个小正方形组成的。你能数出头巾中共有多少个正方形吗？

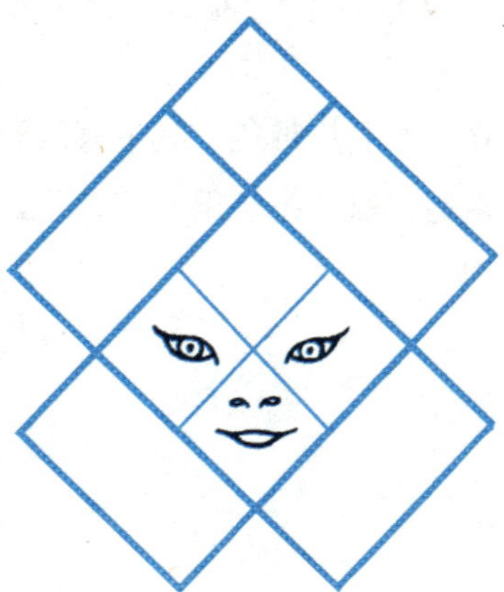

113.智填符号

如果＋、－、×、÷分别只能使用一次，那么，这几个数字中间分别添什么符号，才能使下面这个算式得出最大的整数?

注：可以使用一次小括号。

4　2　5　4　9 =

114.亮亮的时间表

妈妈每天都催促亮亮要抓紧时间学习，亮亮却辩解说他一年之中几乎没有时间学习。妈妈疑惑地问他怎么没有时间学习？亮亮就给妈妈列出这样一个表：

一年中，剩下的4天还没有把他生病的假期算进去，所以他没有时间学习。妈妈看他这样计算觉得也有道理。事实上，亮亮是做了手脚。你知道亮亮在哪里做了手脚吗?

睡觉（一天8小时）	122天
双休日	104天
暑假	60天
用餐（一天3小时）	45天
娱乐（一天2小时）	30天
总计	361天

115.几条路线

请问有多少种不同的路线可以从A处到达B处?

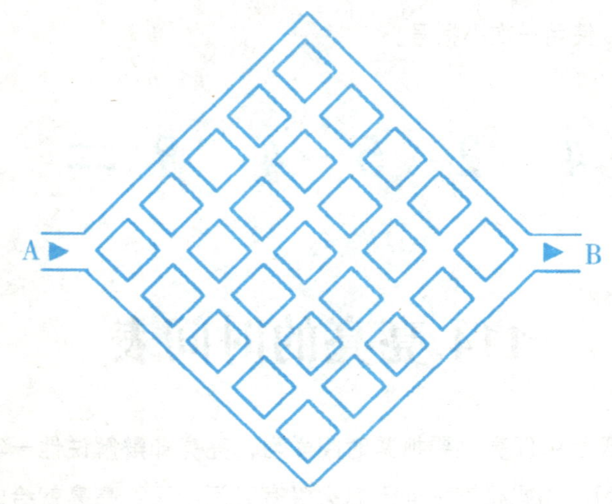

116.猜年龄的秘诀

这里有一个猜年龄的秘诀。

魔术师有一个魔力式子，这个式子通常会把人的出生月日和年龄泄露出去，这对于那些年龄比较大的女士来说是一个致命的伤害，她们特别憎恨魔术师。

这位魔术师的式子如下：

（出生月日）×10+20×10+165+（你的年龄）=?

把你的出生月日和年龄对号入座地填入上面这个式子（千万不要给魔

术师看到），然后将最后的数字告诉给魔术师，他就知道你的年龄是多少。

你知道秘诀在哪里吗?

117.残缺的等式

请在下面的式子中添上+、−、×、÷及（ ），使得等式成立。

1 2 3 =1

1 2 3 4 =1

1 2 3 4 5 =1

1 2 3 4 5 6 =1

1 2 3 4 5 6 7 =1

1 2 3 4 5 6 7 8 =1

118.表格里的问号

如下图所示，你知道表格里的问号应填入什么数字吗?

A	B	C	D	E
6	2	0	4	6
7	2	1	6	8
5	4	2	3	7
8	2	?	7	?

119.巧算面积

有4个正方形（如下图），边长分别是1米，2米，3米，4米，问白色部分面积是阴影部分面积的几分之几?

120.求和等式

用9，8，7，6，5，4，3，2，1九个数按顺序用加号连起，使和等于99。（数字可以连用）

121.如何平分

有两个合伙卖米的商人，要把剩下的10斤米平分。他们手中没有秤，只有一个能装10斤米的袋子，一个能装7斤米的桶和一个能装3斤米的盆。请问：他们该怎么平分10斤米呢?

122.数一数

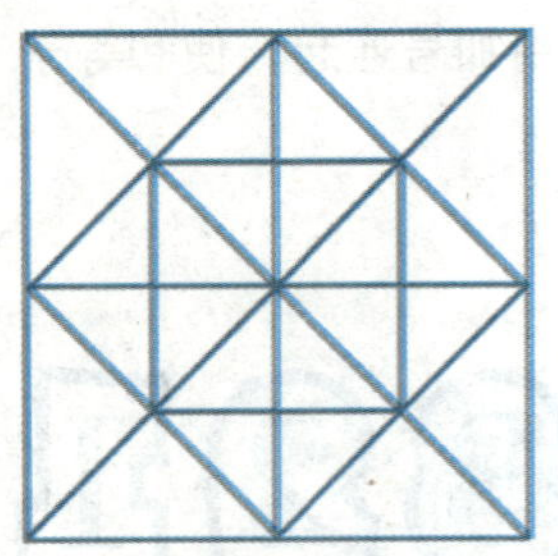

请你数一数在左边这个复杂的图形中有多少个正方形？有多少个三角形？

123.酒鬼知多少

一群酒徒聚在一起要比酒量。先上一瓶，各人平分。这酒真厉害，一瓶喝下来，当场就倒了几个。于是再来一瓶，在余下的人中平分，结果又有人倒下。现在能坚持的人虽已很少，但总要决出个胜负来。于是又来一瓶，还是平分。这下总算有了结果，全倒了。只听见最后倒下的酒徒中有人咕哝道："嗨，我正好喝了一瓶。"

你知道一共有多少个酒徒在一起比酒量吗？

124.智变三角形

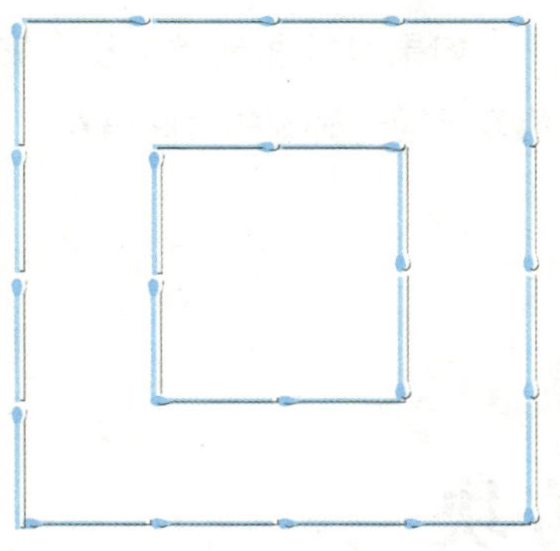

左图是用24根火柴棒排成的一大一小两个正方形，只能移动其中的4根火柴，要使其变成3个正方形，你会吗?

125.你追我赶

同同和苏苏一起出去玩，苏苏带了一只小猫先出发，10分钟后同同才出发。同同刚一出门，小猫就向他跑过来，到了同同身边后马上又返回到苏苏那里，就这么往返地跑着。如果小猫每分钟跑500米，同同每分钟跑200米，苏苏每分钟跑100米的话，那么从同同出门一直到追上苏苏的这段时间里，小猫一共跑了多少米?

126.指针交换

如果时针和分针交换，它还能表示同一时刻的时间吗?

127.拼方块

将给出的数个小方块拼成一个大正方形。要求：大正方形的每一行、每一列必须包含1~9这几个数字。

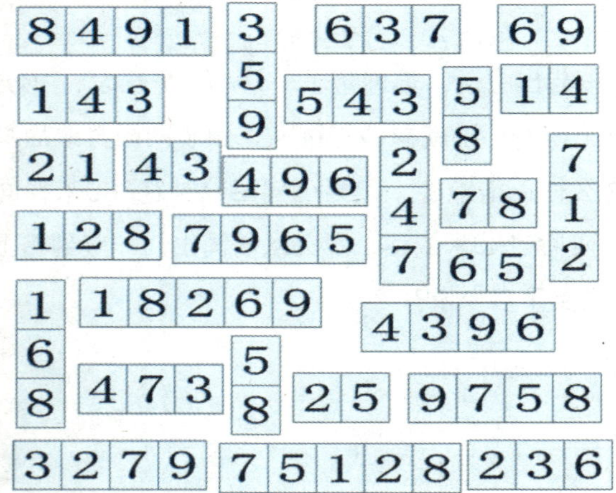

128.商店建在哪里

在铁路沿线的同一侧有100户居民，根据居民的要求要建一家商店，并使100户居民到商店的距离之和最小。你知道商店的位置应该建在哪里吗?

129.要跑多远

有一只猫发现离它10步远的前方有一只奔跑着的老鼠，便马上紧追。猫的步子大，它跑5步的路程，老鼠要跑9步。但是老鼠的动作快，猫跑2步的时间，它能跑3步。

请问：按照现在的速度，猫能追上老鼠吗？如果能追上，它要跑多少路程才能追上?

130.一笔成图

右边这6幅图有一些是可以一笔画出来的，有一些是不能一笔画出来的。你能判断哪些图能一笔画出来，哪些图不能一笔画出来吗?要求是不能重复已画的路线。

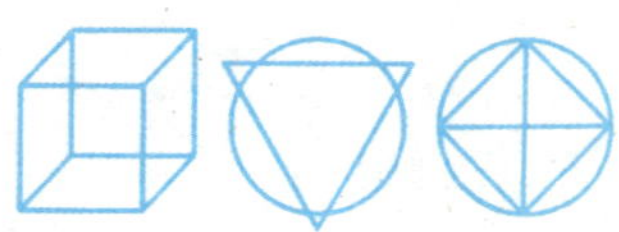

131.移动火柴棒

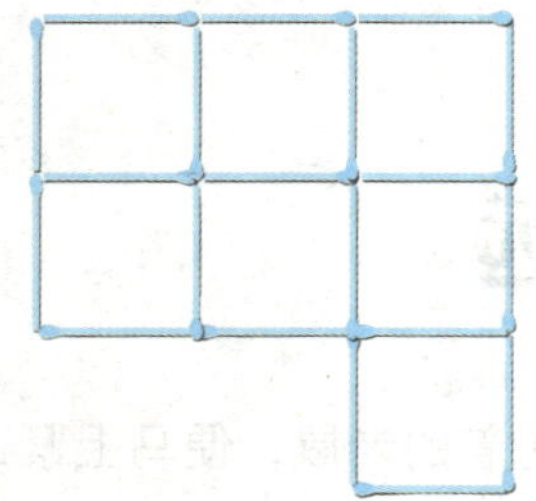

左图是由20根火柴棒排成的大小相同的9个正方形。试移动3根火柴棒放在适当的位置，使图中只有5个正方形。

132.聪明的高斯

高斯小时候很喜欢数学，有一次在课堂上，老师出了一道题：“1加2、加3、加4…一直加到100，和是多少?”过了一会儿，正当同学们低着头紧张地计算的时候，高斯却脱口而出：“结果是5050。”

你知道他是用什么方法快速地算出来的吗?

133.圆圈里的数字是多少

在下面各图形的○里填上适当的数，使每条线上三个数的和都等于21。

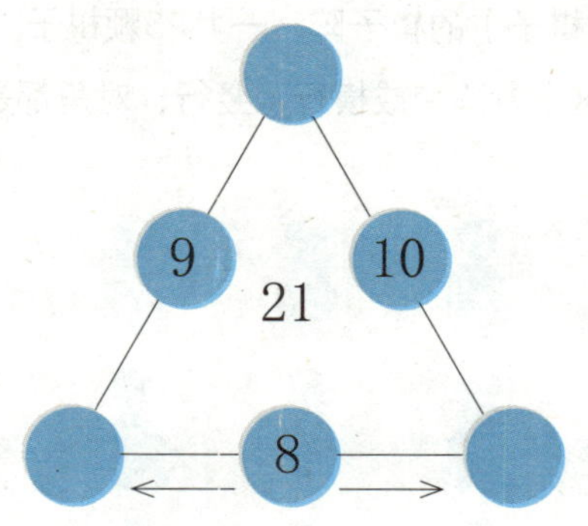

134.六等分

请尝试将下面方格划分为6个完全相同的部分。要求划分后的每个部分中，所有数字之和必须等于17。

7	1	4	4	4	3
3	5	5	3	5	2
5	5	1	3	5	0
1	4	3	2	0	5
3	0	4	5	6	4

135.歪博士下棋

歪博士最近闲得无聊，就出了这样一道题目来考考周围的人：这是5×5排列（即横竖都是5颗棋子）的棋子阵，一共25颗棋子。现在再加5颗，一共30颗棋子，能不能使这个方阵变成横行、竖行、对角都是6颗棋子呢?

136.100的等式

请你按照9，8，7，6，5，4，3，2，1的顺序，在这9个数字的每两个数字之间适当地添加上+、-、×、÷等运算符号，列出一道算式，使其答案都等于100。

9　8　7　6　5　4　3　2　1 = 100

137.数字谜语

右图是一个数字哑谜。目前只知道B比C的两倍小，而且都不等于0，那么A、B和C的数值分别是多少?

$$\begin{array}{r} A\ B\ C \\ +A\ A\ B \\ \hline B\ A\ A \end{array}$$

138.文具卖多少

2支圆珠笔和一块橡皮是3元钱；4支钢笔和一块橡皮是2元钱；3支铅笔和1支钢笔再加上一块橡皮是1.4元。那么，每种文具各一种加在一起是多少钱?

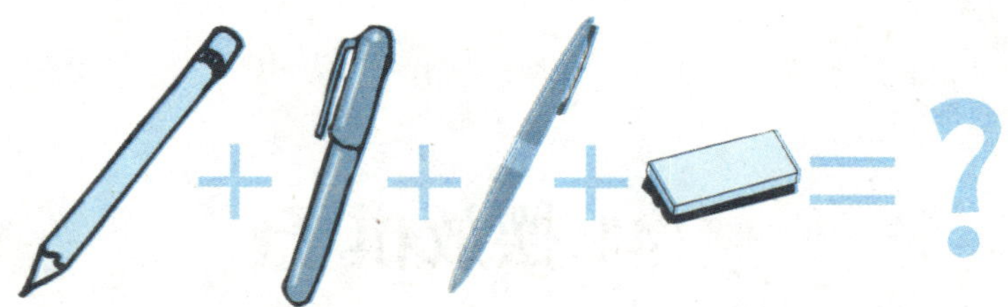

139.简单算式

请你用5个1和5个3组成两道最简单的算式，使其答案都等于100。

140.模型飞机

一家工厂4名工人每天工作4小时，每4天可以生产4架模型飞机，那么8名工人每天工作8小时，8天能生产几架模型飞机呢?

141.摆放棋子

小区门口有一位老人经常摆着一张刻有16个小方格的桌子，桌子上面放有10颗棋子。他每天都拿着棋子在桌子上移来移去。有一天，有人问他在干什么，他说他在尝试用10颗棋子摆出最多的偶数行，即横排、竖排和斜排上的棋子都是偶数。路人一听完，两三下就排出了16行，并且自称偶数行是最多的。你知道他是如何摆放棋子的吗?

142.填表格

仔细看右表，试将其填写完整。

143.划船过河

一条大河上没有桥，37人要过河，但河上只有一条能装载5人的小船。

请问：37人要多少次才能全部过到河对面?

144.一次解决

某制药厂最近新生产了一批感冒药，每100粒装在一个瓶子里，6个瓶子为一箱。在推向市场之前，制药厂必须把这些药丸送到药物质检局检验。一天，制药厂收到紧急通知：这一箱药丸里，有几个瓶子里的每一粒都超重1毫克。

如果每一瓶都取出一粒药丸来称量，那么需要一共称量6次才能得出结果，能不能想出最好的办法称一次就把问题解决呢?

145.火柴棒围城

下图是一个用35根火柴棒组成的围墙。请你在围墙内挪动4根火柴棒，拼成4个封闭的大小不一的正方形。

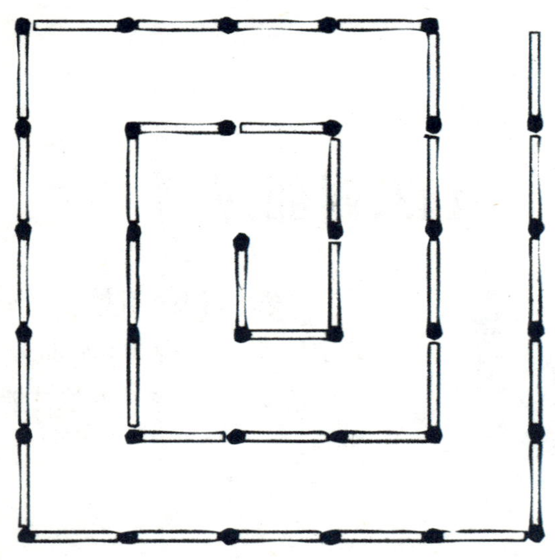

146.重新排列

下面是一组被打乱的数，在被打乱之前它们之间有一个非常有趣的规律。你试着找找看，然后按你的规律重新把下面的数排列起来。

3　5　13　21　1　1　2　8

147.正确的出路

请将以下条件分析清楚，找到正确的出路。起点和终点都是用→来表示的。

① 在各行（横着排列的）必须通过的房间的总数量，根据该行左边正对着的数字来确定，在各列（竖着排列的）必须通过的房间的总数量，根据该列上边正对着的数字来确定，要求刚好能满足这些数字来走完路途。

② 曾经走过的房间不能再重复通过，而且不能在同一个房间里折返（走U字形）。

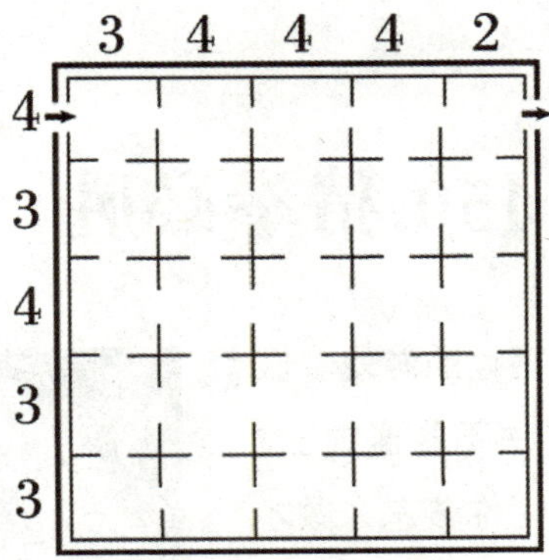

148.金字塔的高度

埃及金字塔是世界七大奇迹之一，其中最高的是胡夫金字塔，它的神秘和壮观倾倒了无数人。它的底边长230.6米，由230万块重达2.5吨的巨石堆砌而成。金字塔塔身是斜的，即使有人爬到塔顶，也无法测量其高度。后来有一个数学家解决了这个难题，你知道他是怎么做的吗?

149.三个9

用3个9所能写出的最大的数是多少?

150.猜拳必胜

猜拳是一个很有技巧性的游戏。假设规定双方出的相同拳法不能连续出2次，连猜10次决定胜负。你该怎么做才能取胜?

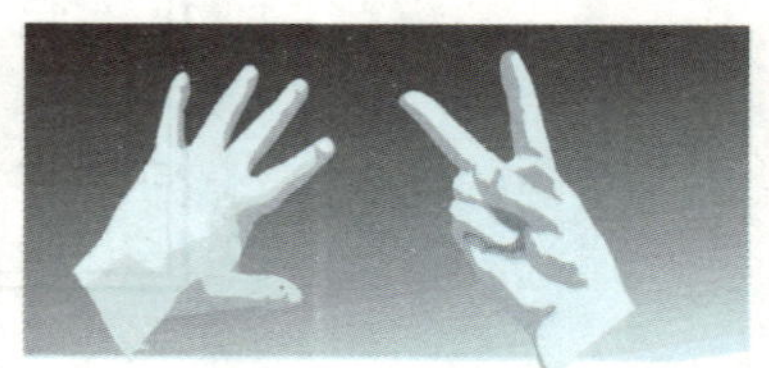

151.这个数是多少

有这样一个数，它乘以5后加6，得出的和再乘以4，后加9，然后再乘以5得出的结果减去165，把最终结果的最后两位数遮住就回到了最初的数。你知道这个数是多少吗?

$$[(?\times 5+6)\times 4+9]\times 5-165=?$$

152.何时相遇

在一个赛马场里，A马1分钟可以跑两圈，B马1分钟可以跑三圈，C马1分钟可以跑四圈。

请问：如果这3匹马同时从起跑线上出发，几分钟后，它们又相遇在起跑线上？

153.活了多久

一个人在公元前10年出生，在公元10年的生日前一天死去。

请问：这个人去世时是多少岁？

154.填数字

		9		
		6		
2			7	
	6			3

将左图中的空白填准确，使得每行、每列和对角线上的数字相加都等于27。

155.巧装弹珠

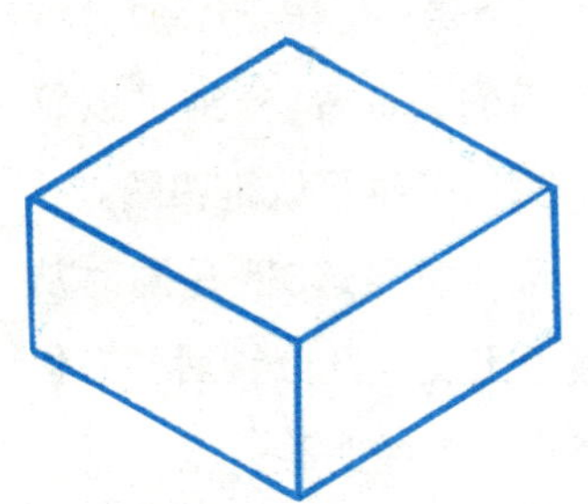

数学课上，老师让大家做一道智力游戏题：盒子里有100个小球，每个小球上面标有从1~100的数字，以最快的速度把这100个小球平均装到10个小盒子里，并且装到小盒子里的小球必须含有一个“3”。你知道怎么装吗?

156.三只桶分水

有一个农夫用一个大桶装了12千克油到市场上去卖，恰巧市场上两个家庭主妇分别只带了5千克和9千克的两个小桶，但她们买走了6千克的油，而且一个矮个子家庭主妇买了1千克，一个高个子家庭主妇买了5千克，更为惊奇的是她们之间的交易没有用任何称量的工具。你知道她们是怎么分的吗?

157.百变图形

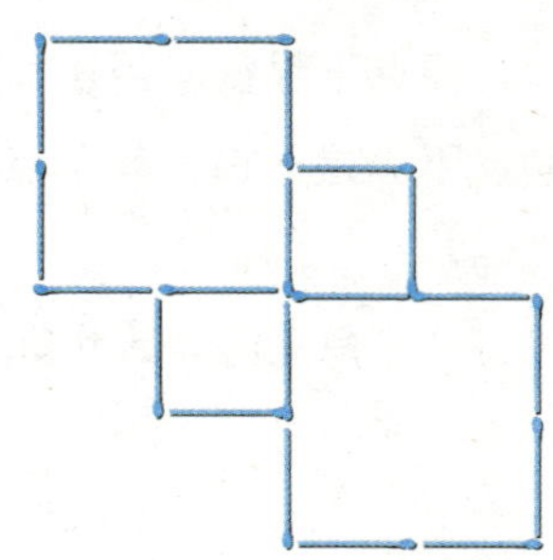

这是用20根火柴棒摆成的图形，你能只移动其中的4根，使它变成3个形状相同、面积也一样的图形吗?

158.动用多少钱

甲、乙、丙、丁4人是好朋友。有一天，甲因为要办点事情，就向乙借了10元钱，乙正好也要花钱，就向丙借了20元钱，而丙自己的储蓄实际上也并不多，就向丁借了30元钱。而丁刚好在甲家附近买书，就去找甲借了40元钱。

恰巧有一天，4人决定一起出去逛街，乘机也将欠款一一结清。请问：他们4人该怎么做才能动用最少的钱来解决问题呢?

159.没有符号的数学题

标点不仅仅应用在写作中，正确使用标点符号对解数学题也有很大帮助。下面是一道没有标点的古代数学题，你能正确标出标点，然后计算出来吗?

“三角几何共计九角三角三角几何几何”

160.正方形的扇子

小红有两个类似于银杏叶的扇子，但她觉得风不够大，想把它各剪一刀拼成一个正方形。你能帮帮她吗?

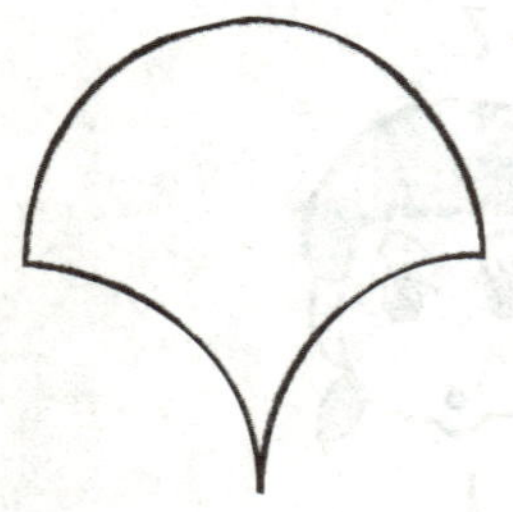

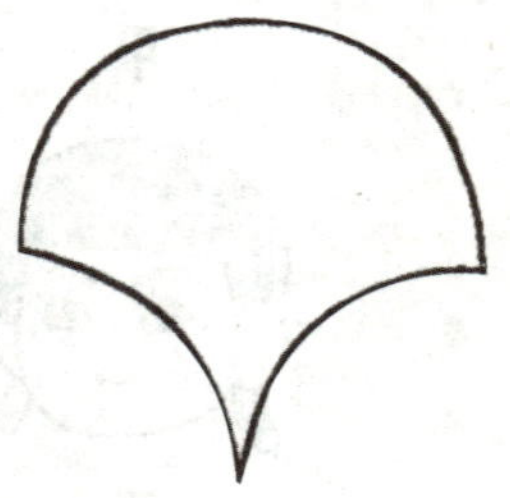

161.减少一半

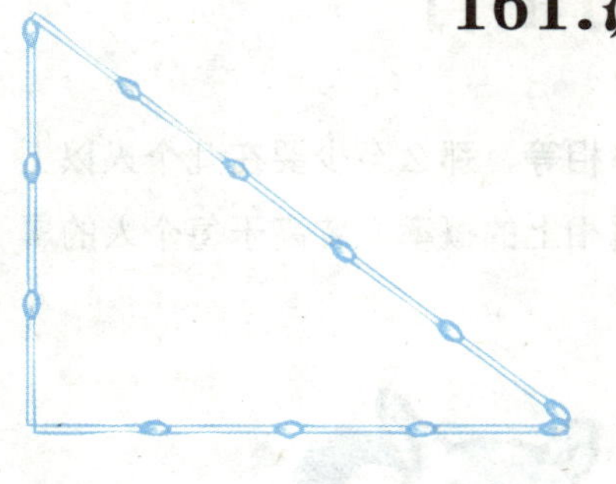

用12根火柴棒可以摆成一个直角三角形。现在只需要移动其中的4根就可以把三角形的面积缩小一半。想想该怎么摆？一共有几种摆法？

162.看图找规律

你知道问号处应该填什么数字吗？

163.强大的火柴棒

不准把火柴折断，用两根火柴棒拼出8个三角形。想想该怎么做？

164.不同的生肖

假设每个人的出生在各属相上的概率相等，那么至少要在几个人以上的群体中，其中有两个人出生在同一个属相上的概率，要高于每个人的属相都不同的概率？

165.梯形颠倒了

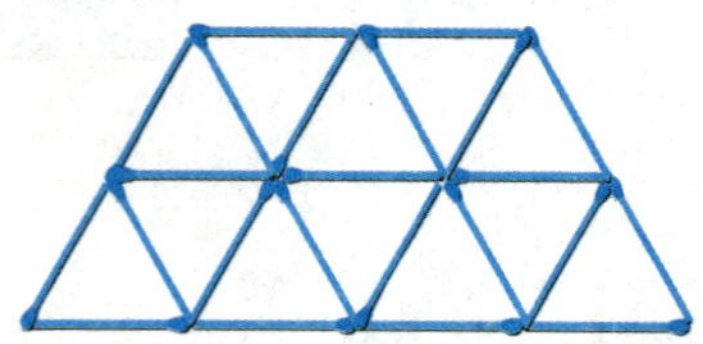

左图是由23根火柴棒摆成的含有12个小三角形的梯形，最少移动几根，可以让它倒转过来呢？

166.大三角，小三角

在一个正三角形中内接一个圆，圆内又内接一个正三角形。请问：外面的大三角形和里面的小三角形的面积比是多少？

167.少了的数字

仔细看右图，请填出缺少的数字。

2 5 7
4 7 5
3 6 ?

168.两个等式

（1）请在1，2，3，4，5，6，7，8，9之间添上七个“+”和一个“×”，使其和为100。

（2）在1，2，3，4，5，6，7，8，9中插入加减号共三个，使其和为100。

（1）1 2 3 4 5 6 7 8 9=100

（2）1 2 3 4 5 6 7 8 9=100

169.方格里的数字

请你将 1 ~ 8 这 8 个数字分别填到左图中的 8 个方格内，使方格里的数不论是上下左右、中间还是对角的四个方格以及四个角之和都等于18。想想你该怎么填?

170.取胜的方法

和你的朋友交替说出1～10中自己喜欢的数，把每次你和朋友说的数相加，最后再求出总和。总和达到或者超过100的就算输。

仔细思考一下，想想你该怎么做才能取胜。

171.乒乓球赛

学校要举行乒乓球比赛，最初报名参加的有25人，后来又有3人报名参加。如果没有平局的出现，总共要举行多少场比赛?

172.数字六角形

请在○里各填入一个从1～12的数字，使各个边上○内的数字之和为26。但是，已经写入的数字不能移动。

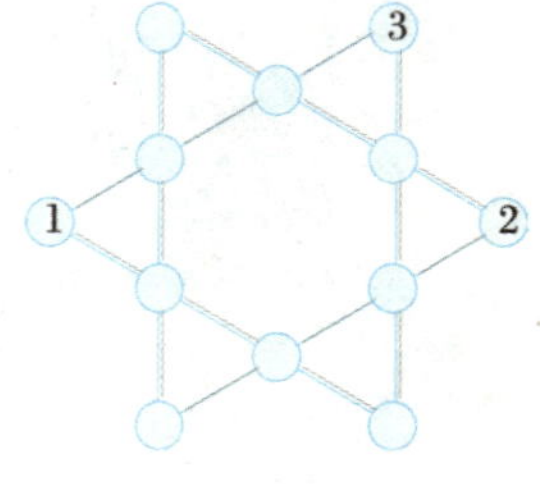

173.导师的生日

一次，学数学的孙鹏去导师家里拜访，谈话间，孙鹏问起了导师的生日。导师没有直接回答，而是说："我生日的月份和日子都是一位数，把它们连成一个两位数的时候，这两位的3次方是个四位数，4次方是个六位数，并且这个四位数和六位数的各个数字正好是0～9这十个数字，而且没有重复。"

你能算出这位导师的生日是哪一天吗？

174.1号是星期几

上个月30号是小白的生日。当天晚上有一个吃剩的蛋糕被小白随手扔在书桌的台历上。第二天早上醒来，小白发现蛋糕被贪吃的老鼠啃得面目全非，就连台历也被老鼠撕得乱七八糟，只能从仅存的部分依稀看到几个字（如下图）。根据这些仅存的数字，你能否推测出这个月的1号是星期几？

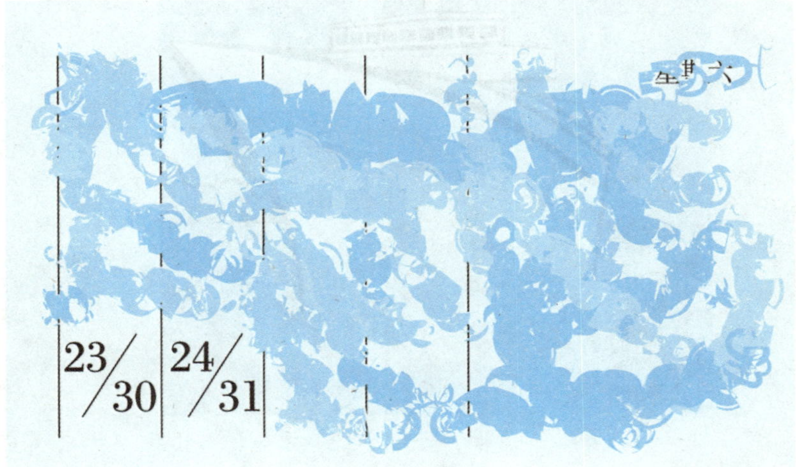

175.隐藏的数字

在每一行、每一列，以及这个数字方块的2条对角线，都包含了1，2，3，4几个数字。在这个数字方块里，已经标示了部分数字，你能把其他的数字找出来吗?

176.客船相遇

每天上午，有一艘客轮从香港出发开往费城，并在同一时间属于同一个公司都有一艘客轮从费城开往香港。客轮走一个单程需要 7 天 7 夜。请问：今天上午从香港开出的客轮，将会遇到几艘从对面开过来同一个公司的客轮?

177.合适的数字

根据范例，请在下图的问号处填入合适的数字。

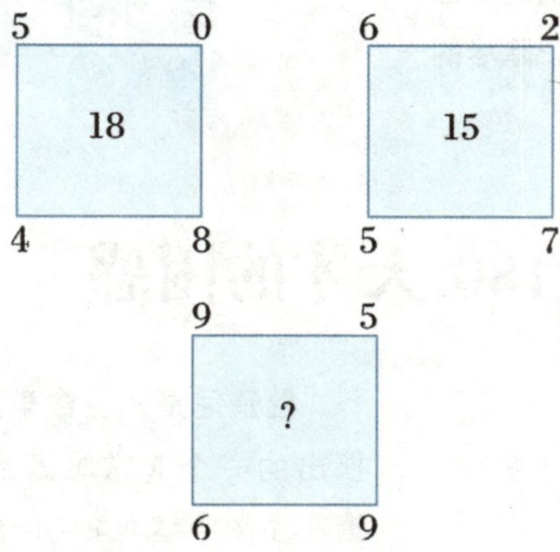

178.需要多久

如果挖1米长、1米宽、1米深的池子需要12个人干2小时。那么6个人挖一个长、宽、深是它两倍的池子需要多少时间?

179.变换位置

标有数字2、1、6的3张卡片，请你变换一下它们的位置，使它们变成刚好能被43除尽的一个3位数。

180.天才的困惑

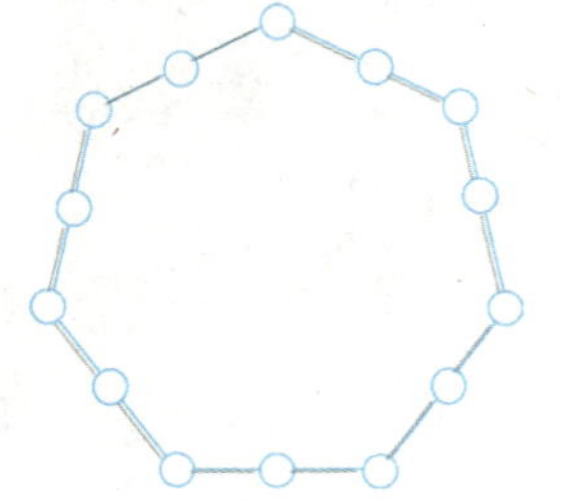

杜登尼是一位数学天才，这是他所提出的一个非常难解的七边形谜题。请在左图中填入1～14的数字（不能重复），使得每边的三个数之和等于26。

181.五个数的运算

在下面的数字中挑选出5个数字进行运算，得出的答案为1。请你找出这5个数，并说明按什么顺序运算？

+190	×12	−999	×4
−87	+29	×9	−576
−94	+65	×22	−435
×7	×8	+19	+117

182.图形数字

请在下面打问号的地方填入适当的数，且用数字解释图中的图形分别代表什么数字?

□ + ◇ − ▽ =6

▽ − △ + □ =3

◇ × □ × ▽ =140

◇ + ▽ + □ =?

183.如何四等分

这是一道经典的几何分割问题。

请将左图分成四等分，并且每等分都必须是现在图形的缩小版。

184.壮壮的新号码

壮壮所在城市的电话号码是四位。一次他搬了新家，得到了一个非常不错的电话号码。这个电话号码很好记：新号码正好是原来号码的四倍；

原来的号码从后面倒着写正好是新的号码。

现在，你能够推测出他的新电话号码吗?

185.牛奶里的奥秘

卖牛奶的人有一个桶里盛着纯净的矿泉水，另一个桶里盛着牛奶，由于乳脂含量过高，必须用水稀释才能饮用。现在把A桶里的液体倒入B桶，使其中液体的体积翻了一番，然后又把B桶里的液体倒进A桶，使A桶内的液体体积翻番。

最后，将A桶中的液体倒进B桶中，使B桶中液体的体积翻番。此时发现每个桶里盛有同量的液体，而在B桶中，水要比牛奶多出1升。现在问你，开始时有多少水和牛奶，而在结束时，每个桶里又有多少升水和牛奶?

186.多少个长方形

拿一张纸，将它对折，再继续对折，直到五次为止。将纸打开之后，你猜猜一共有多少个长方形?

187.足球上的图形

请问：一个标准的足球有多少个正五角形、多少个正六角形？先不要数。

188.表格里的疑问

2	9	6	24
6	7	5	47
5	6	3	33
3	7	5	?

仔细看表格，然后说出表格中的问号该填什么数。

189.有多少蜜蜂

一只蜜蜂外出采花粉，发现一处蜜源，它立刻回巢招来10个伙伴，可还是采不完。于是每只蜜蜂回去各找来10只蜜蜂，大家再采，还是剩下很多。于是蜜蜂们又回去叫同伴，每只蜜蜂又叫来10个同伴，但仍然采不完。蜜蜂们再回去，每只蜜蜂又叫来10个同伴。这一次，终于把这一片蜜源采完了。

你知道采这块蜜源的蜜蜂一共有多少只吗？

190.三角数字

下面的三角形中，每个三角上面的数字都存在一个固定的关系，仔细观察过后根据那个关系填出问号所代表的数字。

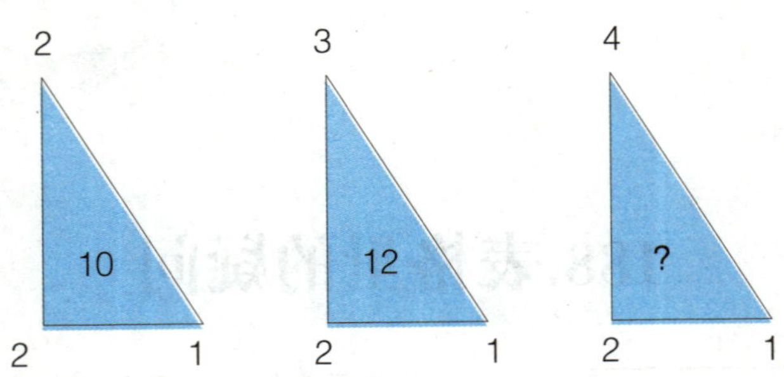

191.纸有多高

有一位疯狂的艺术家为了寻找灵感，把一张厚为0.1毫米的很大的纸对半撕开，重叠起来，然后再撕成两半叠起来。假设他如此重复这一过程25次，这叠纸会有多厚?

A. 像一座山一样高　　C. 像一栋房子一样高

B. 像一个人一样高　　D. 像一本书一样厚

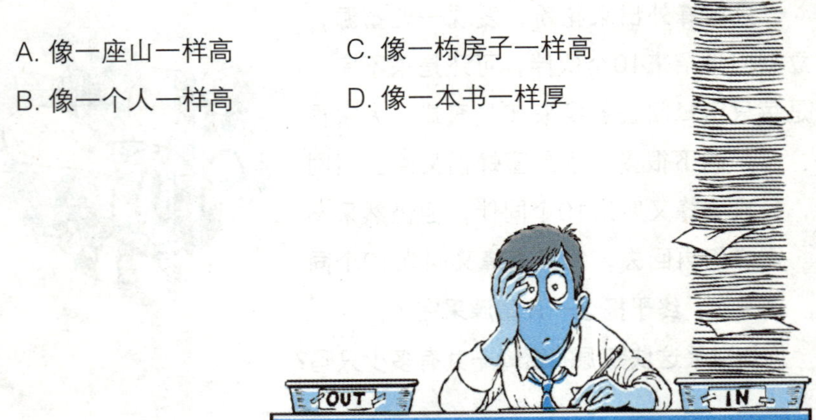

192.喝了多少杯

一位客人来到一家餐厅，要了一杯咖啡，当喝到一半时又兑满开水；又喝去一半时，再次兑满开水；又经过同样的两次重复过程，最终喝完了。

请计算这位客人一共喝了多少杯咖啡?

193.数独游戏

在9×9的大九宫格里，已经给出了若干个数字，其他的空格全是空白，要求在大九宫格的每一行和每一列中，都有1～9的数字，而且在每个小九宫格中也要有1～9这九个数字，并且在每一行、每一列和每一个小九宫格中，每个数字只能出现一次，不能重复也不能缺少。你知道该怎么填吗?

	4		8		7	5		
					6	1	7	
	8			1	2		3	9
							9	
3	9							5
	6							
4	3		2	6			5	
		5	4					
		1	7		9		4	

194.遗嘱上的难题

一个守财奴生前积累了很多金条，可到临死的时候也舍不得分给儿子们。为此，他写了一份难解的遗嘱，要是解开了这个遗嘱，就把金条分给他们，要是没有解开，金条就永远被藏在无人知晓的地方。他的遗嘱是这样写的：我所有的金条，分给长子1根又余数的1/7，分给次子2根又余数的1/7，分给第三个儿子3根又余数的1/7……依此类推，一直到不需要切割地分完。聪明的读者，你能算出守财奴一共有多少根金条，多少个儿子吗？

195.如何完成任务

气象部门据观察发现，在半个月后将有飓风袭击澳大利亚北部城市。现在气象台成员只有一个办法——步行爬越一座高山将情报传递给南部。而每个人爬越高山的时间都是12天，每个人最多只能带8天的粮食。假设每个人的饭量相同，所带的食物也一样，请问：最少需要几个人才能完成任务？

196.橘子怎么分

甲、乙、丙三家约定9天之内各打扫3天楼梯。由于丙家有事，没能打扫，楼梯就由甲、乙两家打扫，这样甲家打扫了5天，乙家打扫了4天。丙回来以后就以9斤橘子表示感谢。

请问：丙该怎样按照甲、乙两家的劳动成果分配这9斤橘子呢？

197.该坐哪趟车

婷婷每天都乘坐公共汽车上学。离婷婷家门不远处，有一个公共汽车站。汽车和电车都是每隔10分钟就来一次，票价也一样，只是汽车开过之后，隔2分钟电车才来，再过5分钟下一趟汽车又开过来。

根据以上信息，你认为婷婷坐哪一趟车更省事更划算？

198.切柠檬

多多把柠檬总数的一半加半个放在屋子的东面，把剩下的一半加半个的1/2放在屋子的西面，另一个被藏在冰箱上面，不过柠檬的总数少于9个，请

问多多一共有多少个柠檬?

注意：柠檬不能切成半个。

199.月月分苹果

月月家里来了11位同学。月月的爸爸想用苹果来招待这12位小朋友，可是家里只有7个苹果。怎么办呢？不分给谁也不好，应该每个人都有份。那就只好把苹果切开了，可是又不好切成碎块，月月的爸爸希望每个苹果最多切成4块。

应该怎么分苹果才合理呢?

200.摆放垃圾桶

公园的管理员看到公园里到处可见游客扔的垃圾，非常气愤。他决定增设20个垃圾桶，分别放在5条相互交叉的路上，每条路上放4个。但由于粗心大意，他少带了10个垃圾桶。那该怎么办？难道把垃圾桶劈成两半吗?

聪明的你帮忙想想办法吧！

201.计算盈亏

商店里有甲、乙两种电视机，售价均为990元。甲种电视机为紧俏品，赚了10%；乙种电视机是滞销品，赔了10%。假如今天两种电视机各售出一台，商店是赚钱了还是赔钱了？若赚了，则赚了多少？若赔了，则赔了多少？你会算这笔账吗？

智慧点睛：这道题的关键是990元，分别是赢利后、销价后的实际发生金额，抓住这点，这道题就好解了。

202.帮兔子找吃的

在一个表格里有几只兔子，每只兔子都有一棵专属于自己的胡萝卜，这棵胡萝卜有可能紧邻在兔子的四周，但不可能出现在兔子的对角线相邻位置；同时，两棵胡萝卜也不能相邻，也就是说它们彼此之间不能“接触”。位于每行和每列的胡萝卜数目已经标示在表格旁了，到底兔子们的食物在哪里？

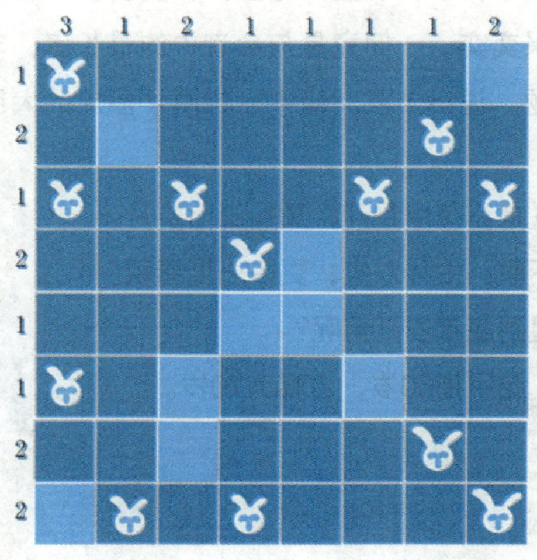

203.一笔成画

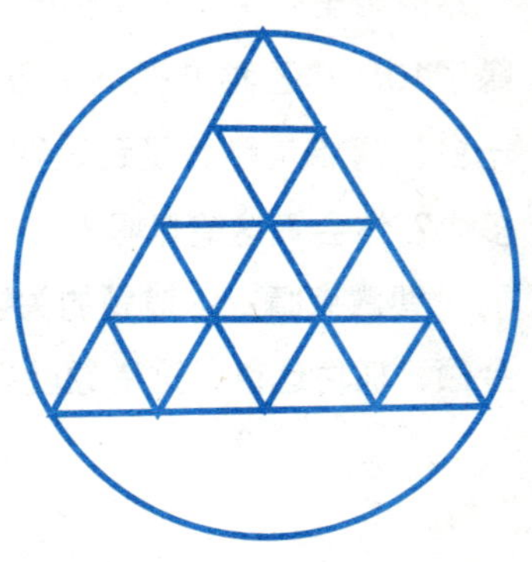

考古人员在希腊进行发掘工作时，使一批奇异的古代遗迹重见天日。他们发现很多纪念碑的碑文上反复出现右面这个由圆和三角形组成的符号。

这个图可以一笔画出，线条都不重复地画过两次以上。不过，如果采取那种更为一般的，允许同一线条可以随意重复画过的画法，只是要求用尽可能少的转折一笔画出这个图形，它无疑会成为很好的一道趣味题。你知道怎么画吗?

204.数学，无处不在

清乾隆五十年，朝廷为了表示国泰民安，曾邀集了全国有声望的老人逾千人，为他们举行了一次盛大寿宴。在宴会上，乾隆看到一位老寿星，鹤发童颜，神采奕奕，一问竟是与会者中的最长者，非常高兴，就以这位寿星的岁数为题，说出上联。座中一位博学多才的大臣纪晓岚即时对出了下联。

乾隆的上联是：花甲重开，又加三七岁月。

纪晓岚的下联：古稀双庆，更多一度春秋。

那这位寿星到底年岁几何呢?

智慧点睛：花甲指60岁，古稀为70岁。

205.快速求值

下面是一道算数求值题，要求以最快的速度得出答案。

$$\frac{9871+9872+9873+9874+9875+9876+9877+9878+9879}{9}=?$$

206.容器所用的次数

油桶装了126升油，卖油人用2升、3升与5升的容器打油出售。如果卖油人每次打油都把每个容器装满了，他使用3升容器的次数是2升的5倍。那么，你能推出每种容器各用了多少次吗?

207.等于2009的算式

下面是由12个“3”组成的算式，请在它们中间填上适当的运算符号，使其结果等于2009。注意：可以将相邻的数字合并，变成33或333等。

3　3　3　3　3　3　3　3　3　3　3　3=2009

208.按要求跳舞的圆环

右图中有8个角，1、3角各放着一个白色的圆环；6、8角各放着一个黑色的圆环。请你按图中虚线所示的路线每次滚动一个圆环，使黑、白两种圆环的位置全部调换，但不准在同一个角上使两个圆环相遇，该怎样滚法?

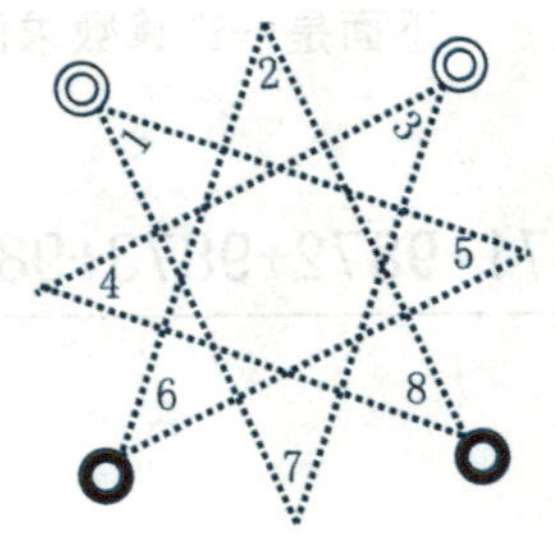

209.设计路线

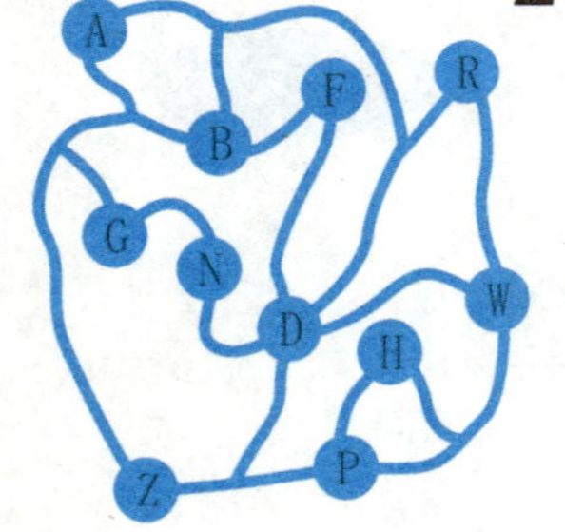

你能设计一条从A到Z的通道，要求必须经过所有的路口，并且不能走重复的路线吗?

210.简洁路线

你能不重复、不绕路，将图中所示的圆点部分一次都走过吗？路线是什么呢?

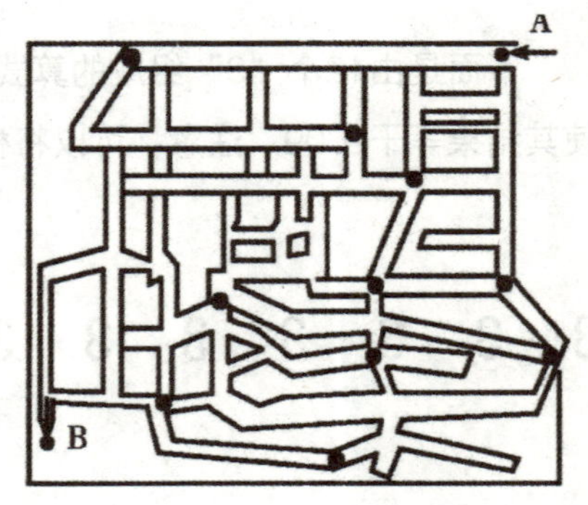

211.三角形上的数字

三角形的三边有9个圆圈，你能把1～9这9个数填在圆圈里，使每边的数字和相等，而且每边数字的平方和也相等吗?

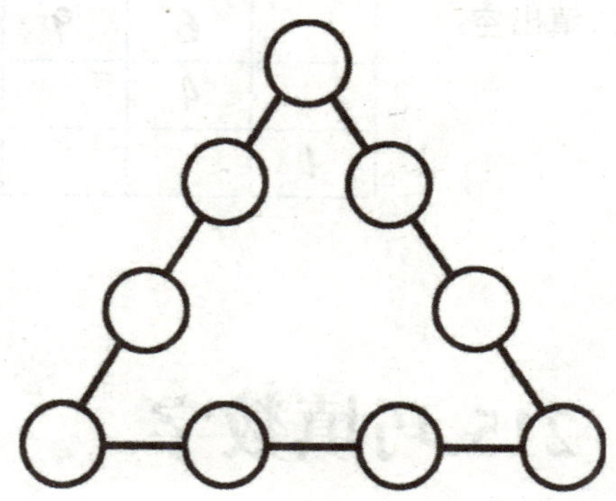

212.有范围寻找

如果整数a能被b整除，那么b就叫做a的一个因数。例如，1，2，3，4，6都是12的因数。有一种数，它恰好等于除去它本身以外的一切因数的和，这种数叫做完全数。你能在20～30中找出第二个完全数吗?

智慧点睛：例如，6就是最小的一个完全数，因为除6以外的6的因数是1，2，3，而6=1+2+3。

213.反向推断

用29根火柴排成5个数字，使这5个数字相加的和是30，你知道是哪5个数字吗?

214.发现规律填数字

右图5×5的方格中，数字的排列是有系统、有规律的，你能找出它们的规律，填出空缺的数字吗？

	10		20	
4		12	16	20
	6	9		
	4			
1			4	

215.巧填数字

已知12345679×9=111111111，那么如果不用计算，你能巧妙地填出以下各个（ ）内的数字吗？

12345679×（ ）=222222222

12345679×（ ）=333333333

12345679×（ ）=444444444

12345679×（ ）=555555555

12345679×（ ）=666666666

12345679×（ ）=777777777

12345679×（ ）=888888888

12345679×（ ）=999999999

216.如何公平分配

兄弟4人继承了一份遗产，遗产如图所示，有土地、4棵果树和4所房子。遗产必须要公平分配。请问，怎么分才能让4位兄弟每人分到相同面积的土地，并且每人都有一所房子？

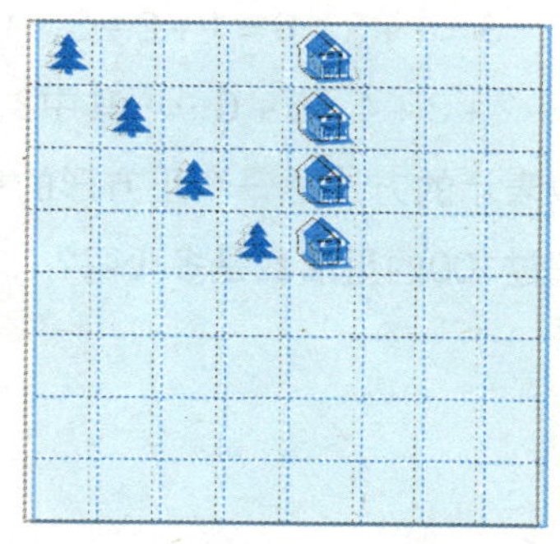

217.填补空缺

从给出的图形中找到数字变化规律，在问号处填上恰当的数字。

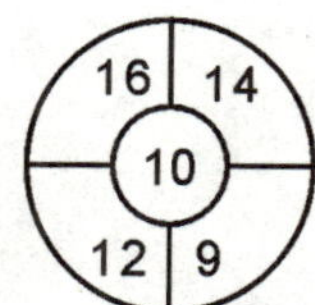

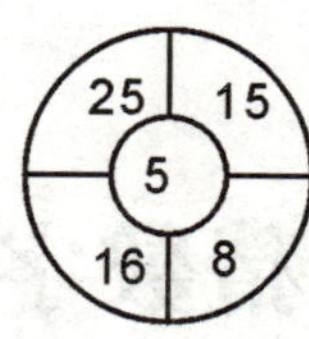

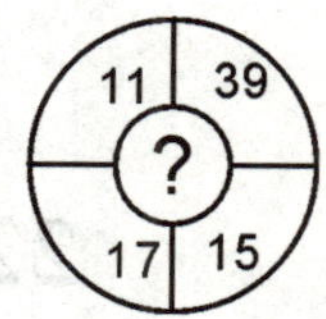

218.最小的整数

右边有两个数列，如果这两个数列是有关联的，那么中间的问号处所填上的最小整数应是多少？

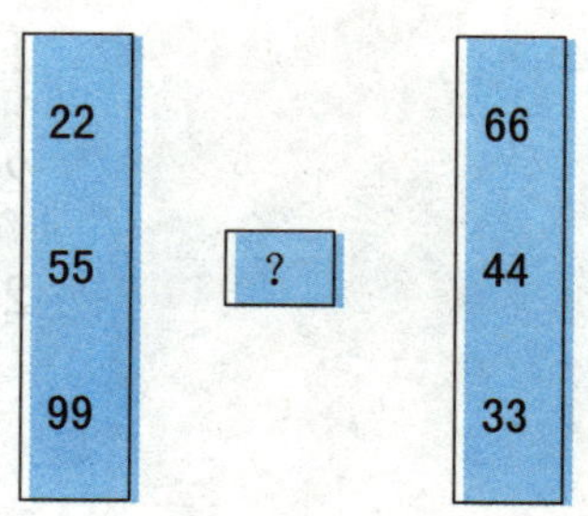

219.星形数

3＝1＋2，6＝1＋2＋3，10＝1＋2＋3＋4，15＝1＋2＋3＋4＋5，21＝1＋2＋3＋4＋5＋6……其中3，6，15，21……叫星形数。如下图，这样的数表示的方法是一个正方形的每一面都接着一个三角形。你能推算出第一个超过100的星形数是多少吗?

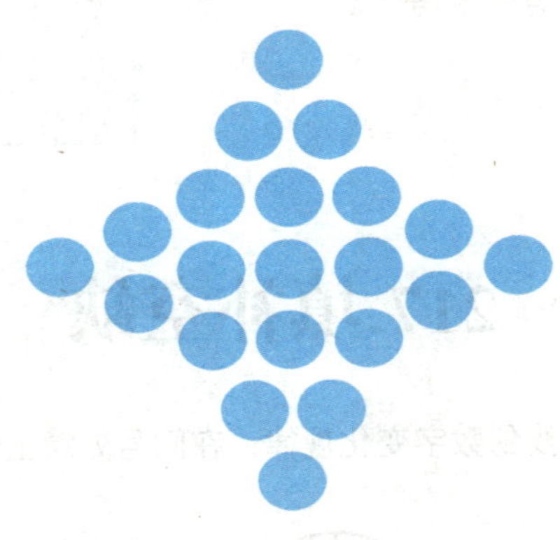

220.猜数字

看一看，想一想，根据前面数字的关系猜一猜括号里的数字是什么?

1	2	3	9
1	3	4	16
2	2	2	8
2	3	4	( )

221.小皮球买卖

一家文具店以每个0.35元的批发价进了一批小皮球，按0.45元的零售价卖出，当卖到还剩下30个小皮球时，已获利12元，那么，你知道这家文具店开始进了多少小皮球吗?

222.最大化移动

如图，是用9根火柴棒摆成3个三角形。你能分别把它变成由5个、6个、7个、8个三角形构成的4种不同的图形吗？并且，只能移动3根火柴。

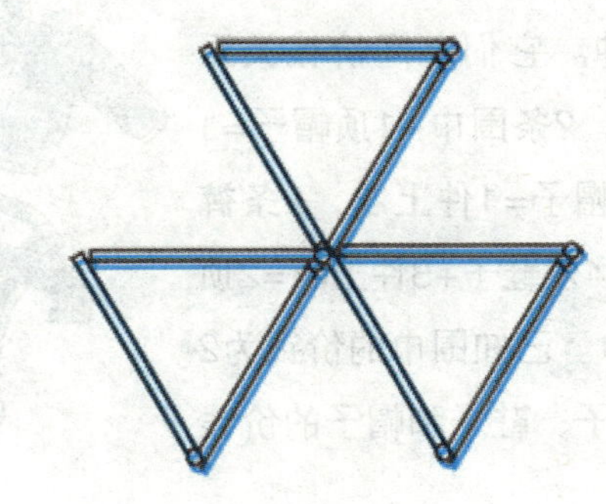

223.汉字与数字

图中16格除了“数学思维”四个字外，其余两位数也都由1、6、8、9组成的。并且横行、竖行四个数的和都相等。现在将汉字换成两位数，也要由这四个数字组合。使斜行的四数之和也跟横行、竖行的数之和相等。这些汉字是什么数?

96	11	89	68
88	快	乐	16
61	数	学	99
19	98	66	81

224.你来计算面积

有一个半径是1的圆片，沿着一个边长是6的等边三角形滚一周，圆片经过的部分的面积是多少?

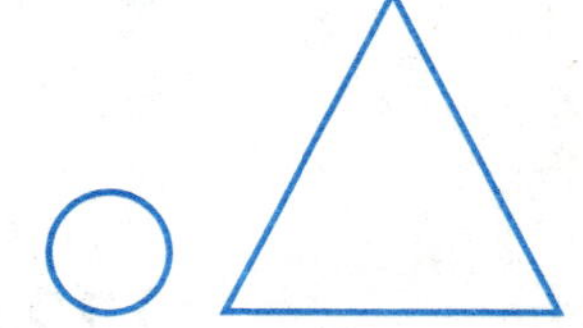

225.价钱多少

服装店新进了一批货，共有上衣、裤子、鞋子、帽子与围巾五种。它们之间价钱关系为：7条围巾=2条裤子，2条围巾+1顶帽子=1双鞋子，1条裤子+1顶帽子=1件上衣，2条裤子+5条围巾=2件上衣，4双鞋子+3件上衣=2顶帽子+8条裤子+3条围巾。已知围巾的价钱为2美元。那么，上衣、裤子、鞋子和帽子的价钱分别是多少?

226.高级迷宫

你能从A点出发，顺利地闯过迷宫，从B点出来吗？

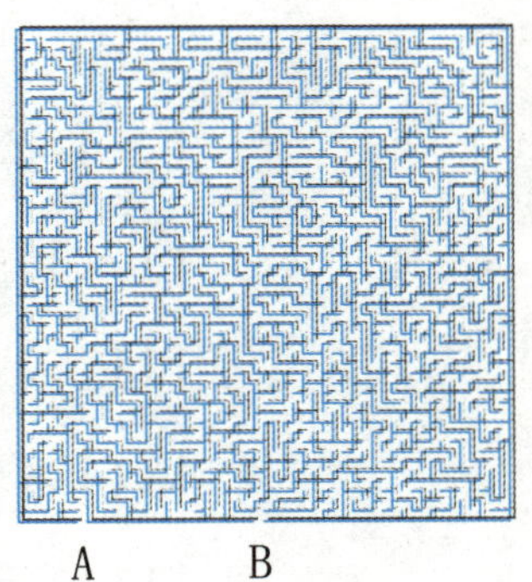

227.小狗的膳食比例

一只狗每天吃由食品A和食品B搅拌成的食物300克，食品A的蛋白质含量为10%，食品B的蛋白质含量为15%。现在知道，小狗每天需要38克蛋白质，问食物中食品A的比重是多少？

228.行进的路线

你能不重复、不绕路，将图中所示的圆点部分一次都走过吗？路线是什么呢？

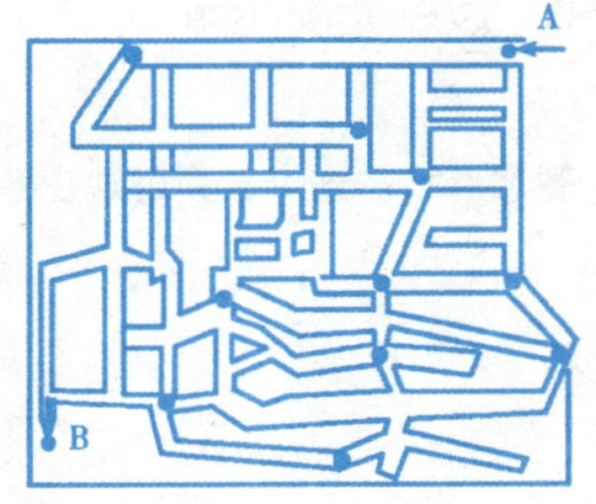

229. “1”的奇妙算式

1×1=?

11×11=?

111×111=?

1111×1111=?

11111×11111=?

230.找出数列的规律

老师给同学们出了一道有趣的数字题，并给出了4个选项，只要细心观察，你也能找到答案。

102，1030204，10305020406，？

A.1030507020406　　B.1030502040608

C.10305072040608　　D.103050702040608

智慧点睛：这个数列奇妙在各个项内的元素有奇偶变化规律。

231.把费用降到最低

一个人从甲地到乙地去，不同路段所用的交通费用不同，图中每条路线都标明了费用，你能找出最省钱的路线吗？费用是多少？

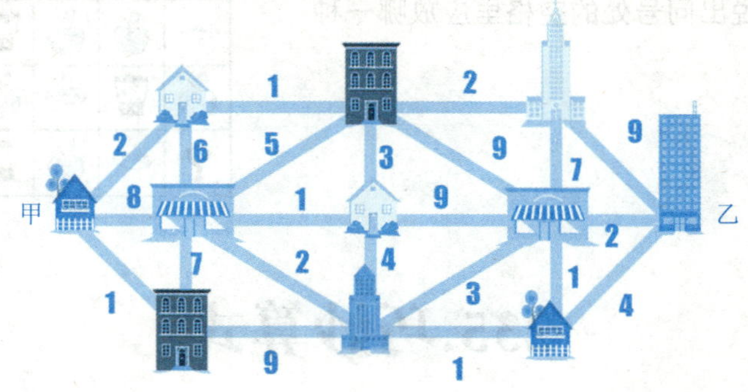

232.众口调和

一家四口人的晚饭是小黄鱼和炸土豆丝，但一家人的口味都不一样。其中父亲要吃8条炸6分钟的鱼和炸2分钟的土豆丝；母亲要吃5条炸12分钟的鱼和炸4分钟的土豆丝；姐姐要吃4条炸10分钟的鱼和炸5分钟的土豆丝；弟弟要吃6条炸15分钟的鱼和炸4分钟的土豆丝。如果这家人只有一个炸锅，那么，做这顿饭至少需要多长时间？

233.精巧排列

给出的数字框可以排列成一个正方形，要求正方形中相对应的横向和竖向数字排列完全相同。

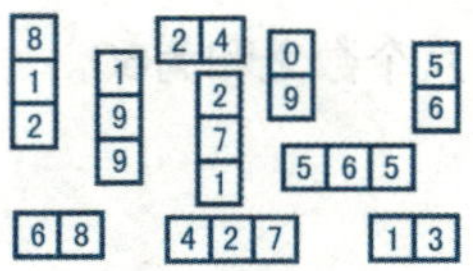

234.食物放置规律

在图中的25个格子里，放有食品，这3种食品是按一定规律排列的，你能根据规律，说出问号处的空格里应放哪一种食品吗?

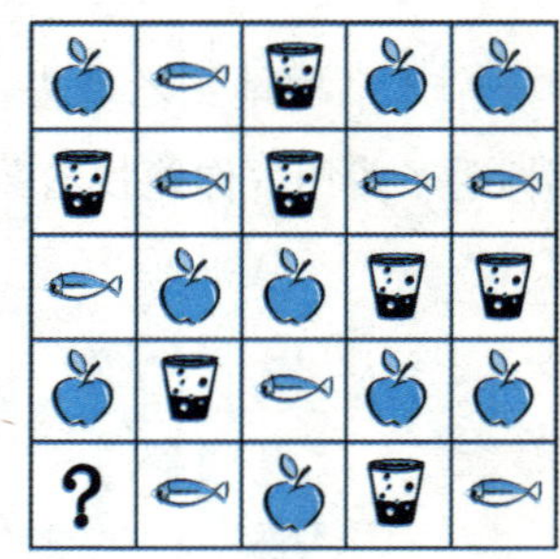

235.巧妙算式

已知22×55=1210，222×555=123210。只要找到规律，不用计算就可得出下列各算式的答案，你能做到吗?

2222×5555=

22222×55555=

222222×555555=

2222222×5555555=

236.七连环填数

请在七连环的19个小圆圈内填上1～19这19个数字，使每个圆上的六个数之和为60。

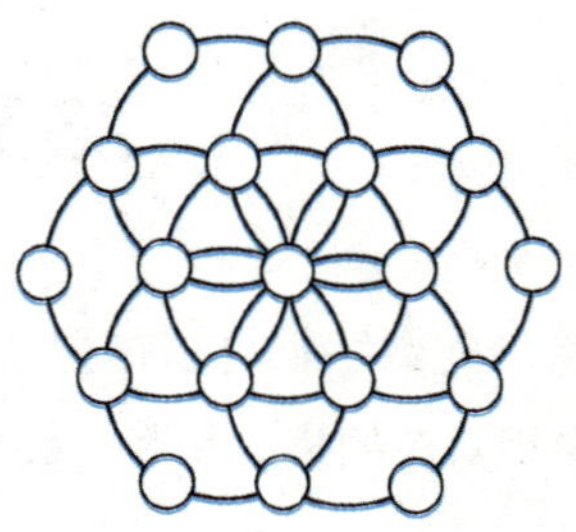

237.按要求填数字

□＋△＝12　　□＝△＋△

□＝（　　）

△＝（　　）

238.细节留下的线索

王先生被一位邻居发现死在卧室里。邻居立刻拨打了110，刑警和法医以最快的速度赶到了现场。经过一个小时的实地调查，法医确定："是他杀，大概已死了24个小时了，但现场没有作案的痕迹。"

刑警突然注意到桌子上的蜡烛在燃着，他顺手打开日光灯，却发现停电了。猛然，他意识到了什么。刑警说："原来这尸体是从别处移过来的。"那么，刑警是凭什么做出推理的?

239.在规定范围中寻找

在1～1000这1000个自然数中，能被5或11整除的自然数一共有多少个?

240.观察比赛

仔细观察再做题，这是一道考察你观察能力的题。

1.16 8.25 27.36 64 .49 ?

智慧点睛：数列中的每一项，以小数点为界限，观察小数点前后的变化。

241.空格填数

请在下面的九个深色空格中，填上1～9这九个数字，使各个算式均成立。要求：共计六个运算式，而每一个空格均代表一个1～9的独立数字，不可重复；在数学运算过程中，要记得先乘除后加减。

	+		+		=16
×		×		×	
	+		÷		=11
+					
	+		×		=8
↓		↓		↓	
62		35		13	

242.计算票数

在一次投票选举活动过后，秘书报告："主席先生，投动议赞成票的原本比反对票多出了1/3，但是，由于之前投赞成票的人中有11票最后改投了反对票，因此我宣布，由于1票之差，动议最终为通过。"

那么，你知道共有多少人参加了投票？

243.精准求和

将以下表格分为四个部分，使每部分的数字之和为120。

8	7	6	8	7	12	9	1
7	12	7	6	4	3	2	14
8	9	7	8	5	7	11	1
8	8	10	7	6	16	10	1
4	9	13	4	12	2	15	6
8	5	2	2	4	9	8	15
6	9	8	14	14	8	2	1
9	6	10	5	12	1	5	17

244.有多少苹果

有一筐苹果，有人发现这筐苹果2个、2个地数，余1个；3个、3个地数，余2个；4个、4个地数，余3个；5个、5个地数，余4个；6个、6个地数，余5个。那么，这筐苹果至少有多少个呢?

智慧点睛：这是一个最小公倍数的问题。从这个方向入手，答案就很容易了。

245.金字塔与数字

数字金字塔共有6层，最底层6个数字，这6个数字靠近的两个相加得到上一层的5个数字，同样这5个数字靠近的两个相加得到再上一层的4个数字。现在这个金字塔有些数字已经看不到了，你能根据已有的数字推出其他的数字吗?

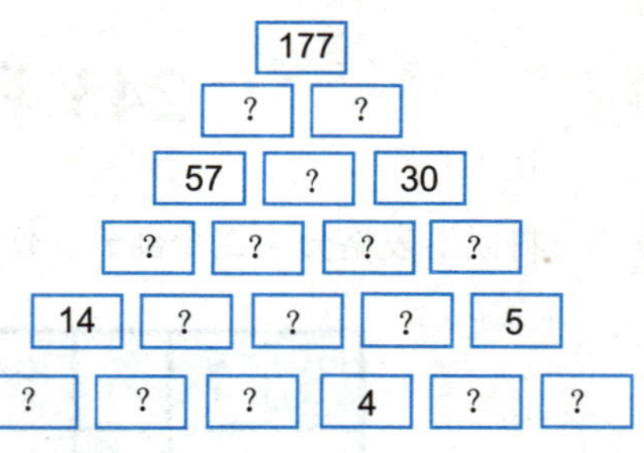

246.图形变幻的规则

给出的A、B、C、D4个选项中，哪一个最符合上面给出图形的变换规律?

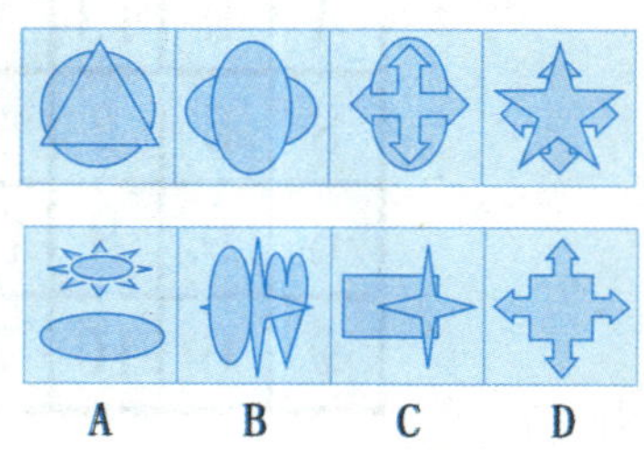

247.有难度的数列

这是一个复杂的数列题，你能解出来吗?

1，4，15，48，135，?

248.按规律填数

①1、(　　)、7、10　　②7、15、(　　)、31

③(　　)、91、85、73　　④1、2、(　　)、8

249.有趣的符号

请在下面的空格处填上适当的运算符号，使等式成立。

3		4		3		8	=	7

250.狗狗吃骨头

这只是一个游戏，骨头是不会动的，但狗要拿到所有的骨头也不是那么简单的。如下图，狗从1号骨头的位置出发，沿线一直跑到12号骨头的位置，最终把骨头统统拿到，一根也不留，而且同一个地方不能去第二次，它该怎么走?

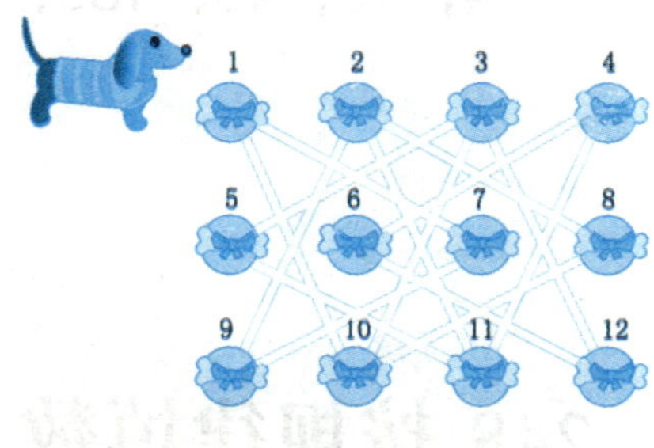

251.你知道这个数字吗

已知4个六位数如下选项，此外X是比10小的自然数，Y是0，那么能同时被2、3、5整除的数是哪一个?

A.XXXYXX　　B.XYXYXY　　C.XYYXYY　　D.XYYXYX

252.干洗店的计算

一家干洗店里，洗上衣和裙子而不洗裤子的顾客比只洗裙子和裤子而不洗上衣的顾客多1人。只洗上衣的顾客比只洗裤子的顾客多1个。裤子、上衣和裙子都洗的顾客是只洗裙子的顾客的三倍。32位不洗裙子，24位不洗上衣。有9位只洗裤子。只洗上衣的人与洗裤子和裙子而不洗上衣的人一样 多。问:

（1）多少顾客二样都洗？（2）多少顾客只洗三样中的一样？（3）多少顾客只洗上衣？（4）多少顾客洗三样中的两样？（5）总共有多少顾客？

253.数学教师的证据

一天早晨，在单身公寓的三楼301室，好玩麻将的年轻数学教师被杀，是被啤酒瓶子击中头部致死的。在其房内有一张麻将桌，丢着很多麻将牌，死者死时手里还攥着一张牌。大概是在断气前，想留下线索而抓住的。被害人昨晚同朋友玩麻将，一直玩到夜里11点左右。这就是说凶手是在人都走了后下手的。通过调查，找到四名嫌疑犯。这四人都同被害人住在三楼，分别是314、311、312、310房间。

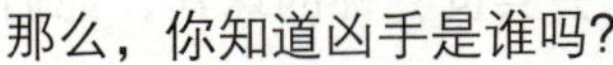

那么，你知道凶手是谁吗？

254.有规律的数字组合

填出三角形中缺失的数字。

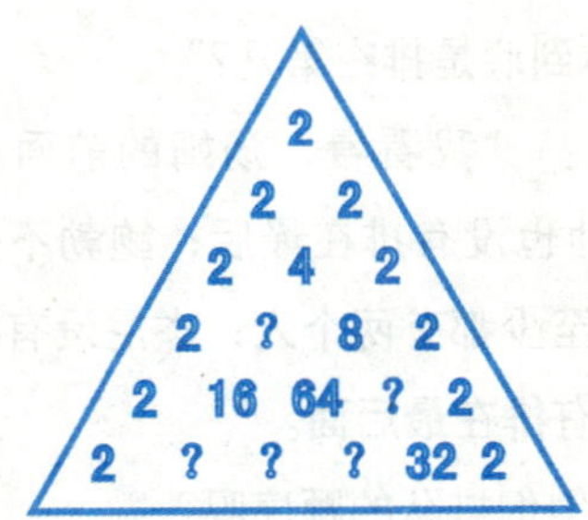

255.符号与数字

如果苹果的数值是6，你能计算出其他符号的值吗?

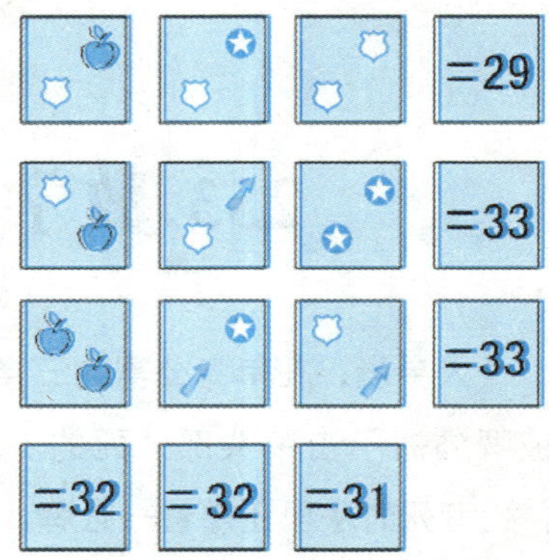

256.说出他们的顺序

汤姆、沃克、杰尼、鲍勃、芬尼和杰克去买世界杯的球票，他们来得太早了，正等售票窗口打开。杰克的一个朋友打电话来问杰克买到球票没有，杰克说："还没有呢，应该快开门了。"

杰克的朋友说："你排第几啊?别忘了帮我买票。"

杰克说："我不是最后一个。而且芬尼也不是最后一个。"

"那你到底是排在第几?"

杰克说："我看看，汤姆的前面至少有4个人，但他也没有排在最后；鲍勃不是第一个，他前后至少都有两个人；杰尼没有排在最前面，也没有排在最后面。"

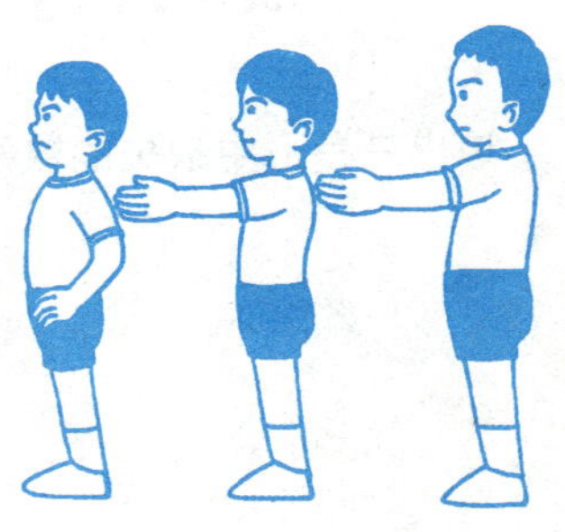

你知道他们排队的顺序吗?

257.阴影组合

从A、B、C、D4个选项中选出一项，完成这组序列。

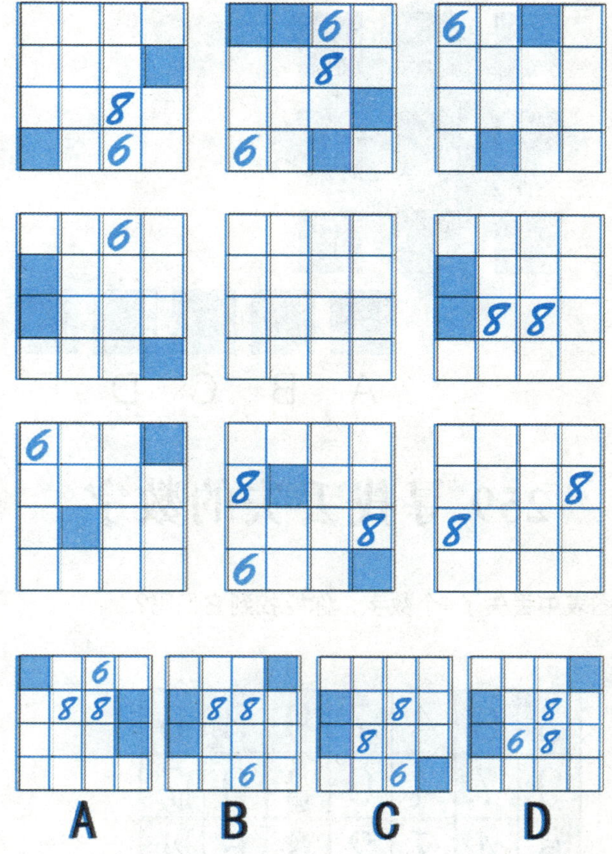

智慧点睛：不同图形叠加形成新图。

258.找规律填图

从给出的5个选项中，找出符合变化规律的项，填在问号处。

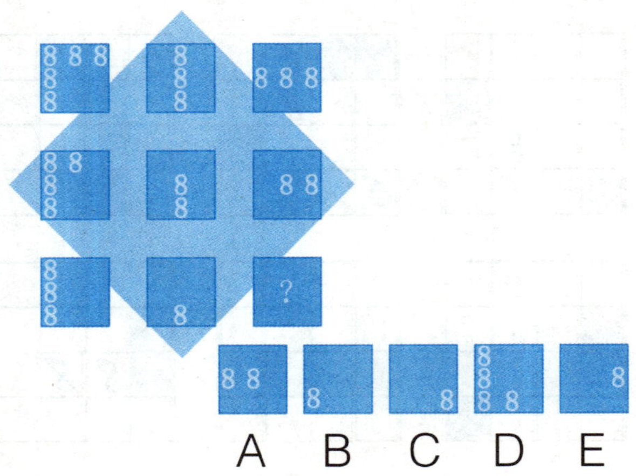

259.寻找丢失的数字

给出的图表中丢失了4个数字，你能找到它们吗?

3	6	4	7	9	3	6
9	7	4	6	3	9	7
6	4	7	?	3	6	4
3	9	7	?	6	3	9
4	7	9	?	6	4	7
6	3	9	?	4	6	3
7	9	3	6	4	7	9

260.你来说出这个数字

观察给出的图形，在问号处填上符合变化规律的数字。

261.巧移火柴

下面是淘气鬼扔下的烂摊子。请你移动其中的一根火柴使等式成立。

262.棋子的走法

有两颗棋子，A要走到B处，B要走到A处，要求每格都得走到，但不准重复、不准跳动，你有几种走法?

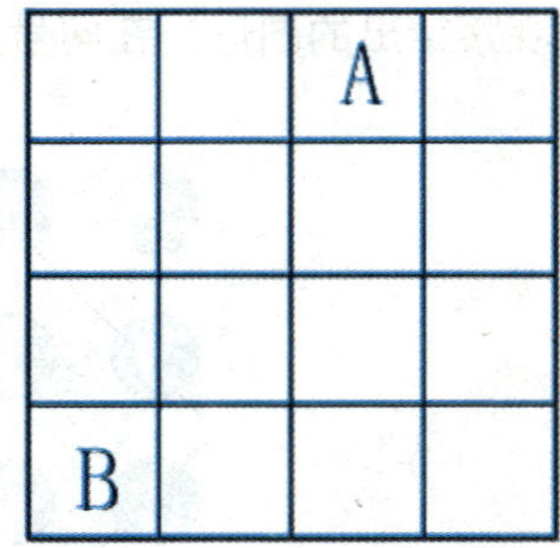

263.走路方案

有一个人要从A点到B点去，他要经过8个白色砖块和9个黑色砖块（包括A和B本身），那么，你知道有多少种走法吗?

264.排列皇冠

网格中有36个皇冠，你能去掉12个皇冠，使剩下的皇冠在纵、横每行的数目都相等吗？

265.这个数字是几

1～8这8个数字中，哪一个数字能填在下图中的问号处？

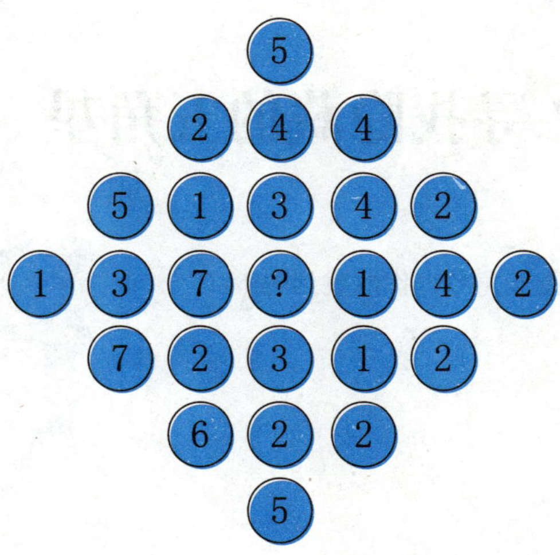

266.让图案完美无缺

下图方格中的图案是有规律的，仔细观察方格中的图案，然后选出能使原来的图案完整的一项。

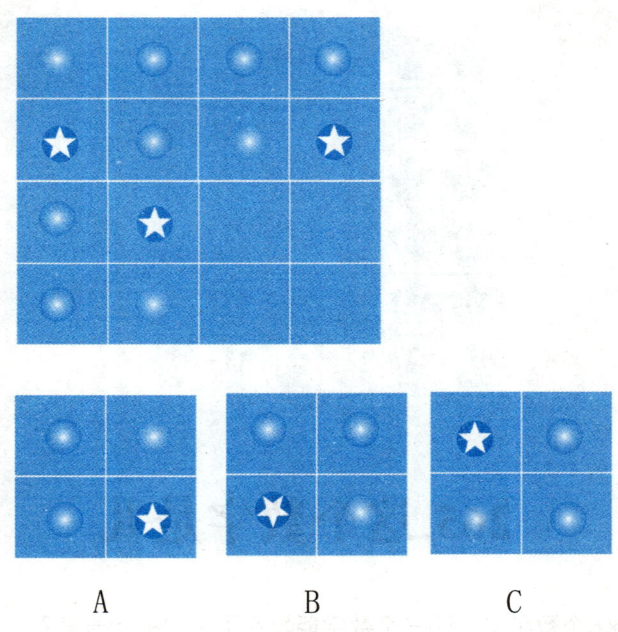

267.寻找隐藏的五角星

图形里隐藏一个正五角星，你能找到吗?

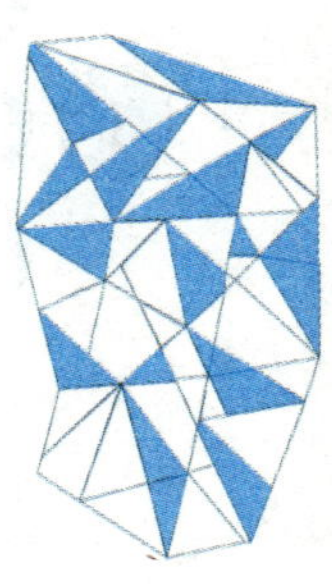

268.保安的最佳路线

一个库房有14个仓库，下面是平面图。库房保安人员每天从入口进去，他要一间一间地逐个房间巡视，再把房间锁好，最后回管理室中休息（图中有○标记的地方）。如果管理员只能去每个房间一次。请问：他该怎样走才好呢?

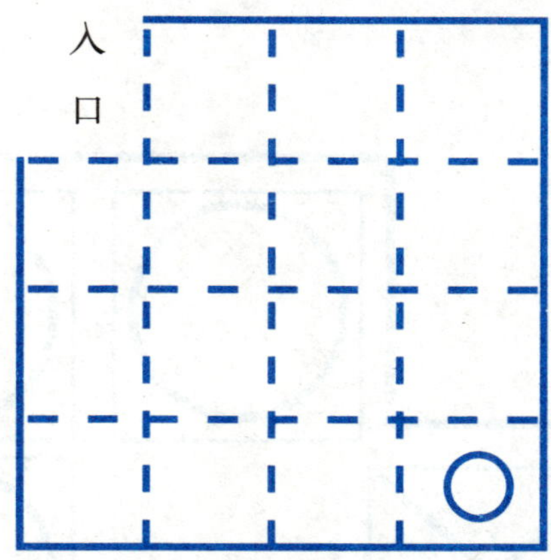

269.组合图形的规律

给图中的问号找到对应的选项。

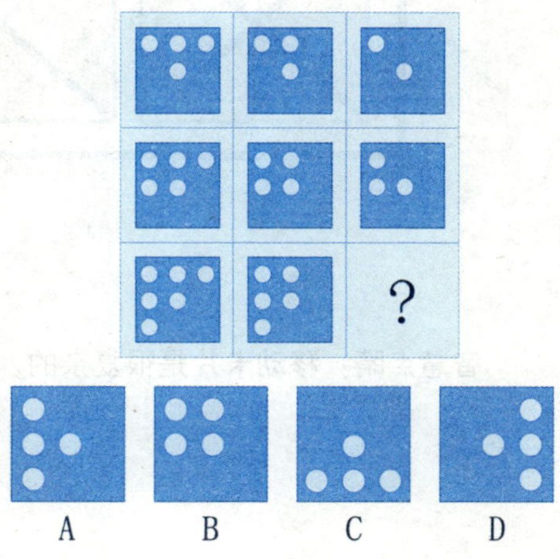

270.有难度的卡片移动

盒子里放有印着○和×记号的卡片各3张。卡片的大小、形状完全一样。盒子当中空出了一张卡片的位置，这6张卡片可以自由地在盒内滑动。请问：能否将这6张卡片的位置彻底对调?要求是既不能将卡片从盒内取出，也不能损坏盒子。

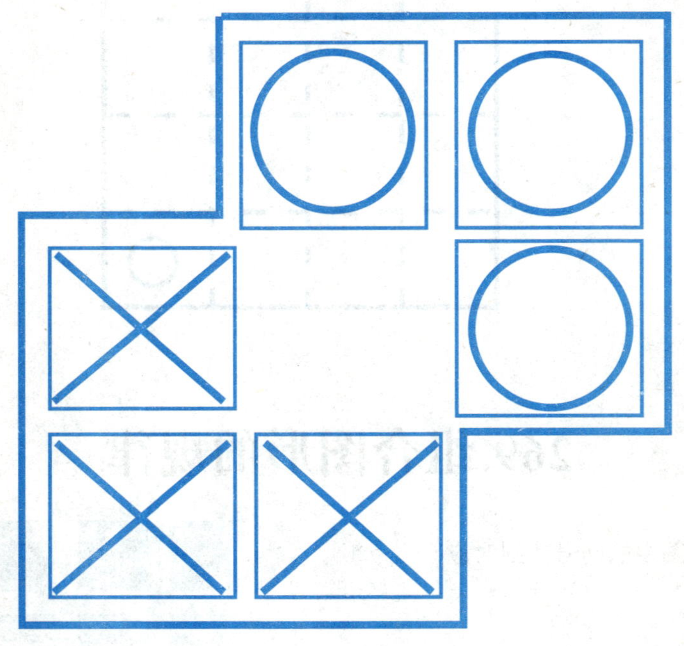

智慧点睛：移动卡片是很复杂的，不要限于移动卡片这一条思路。

271.让图像完整

找出能完成这幅图像的项。

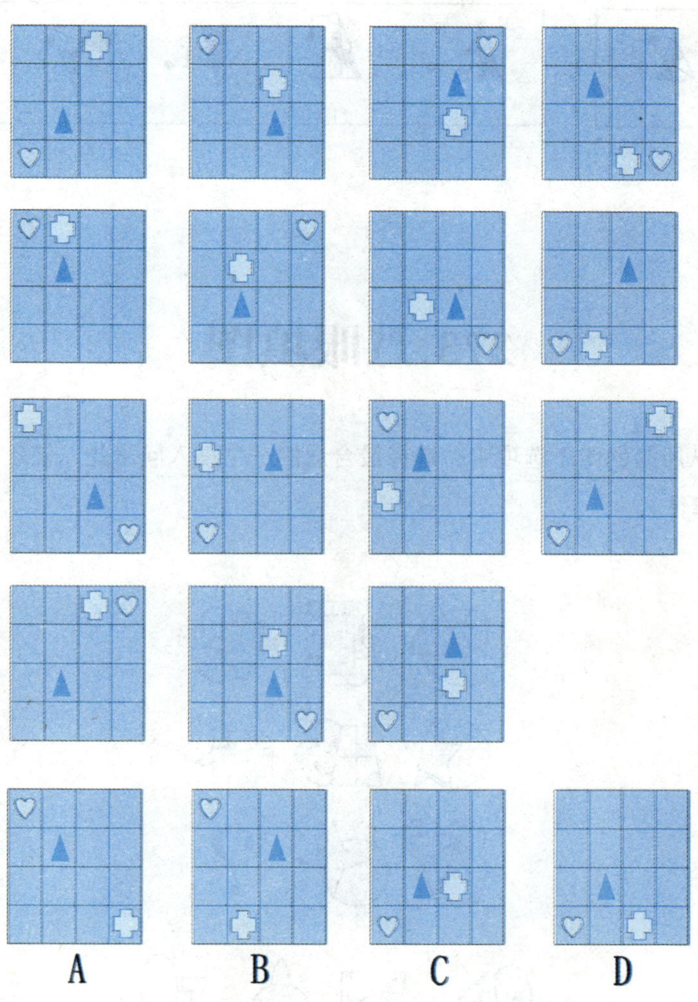

A B C D

272.平面变化

哪一个选项更符合规律?

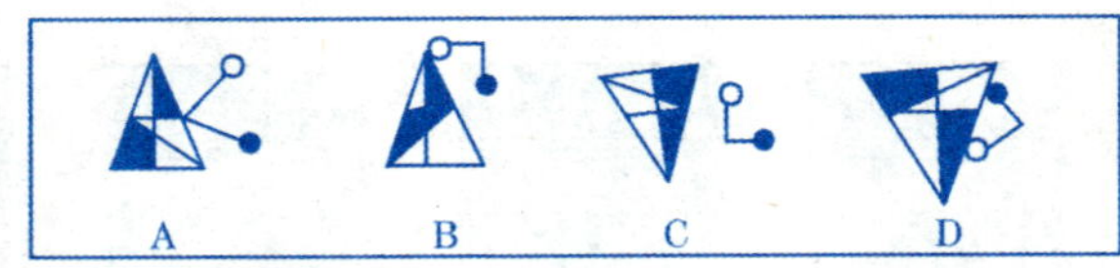

273.慧眼填图

请从所给的四个选项中，选择最合适的一个填入问号处，使之呈现一定的规律性。

274.按要求变化

给出的图形是用9根火柴棒摆出的，现在要将它变成5个三角形，并且只能移动3根火柴棒，你该怎么办?

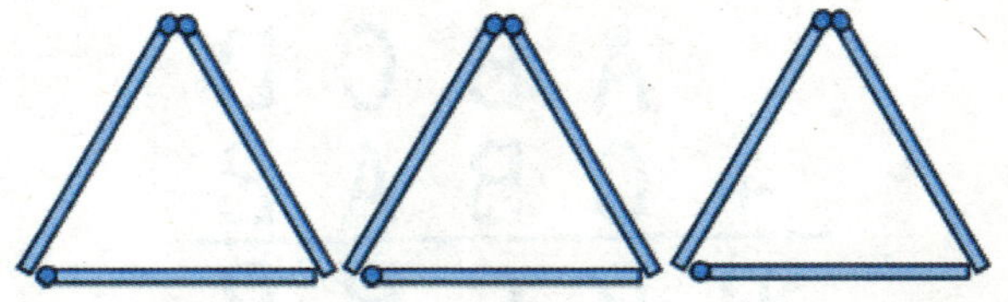

275.神秘的等腰三角形

把九个数1、2、3、…、8、9填进下图中的各个圆圈，使图中七个等腰三角形顶点上三个数的和都相等。

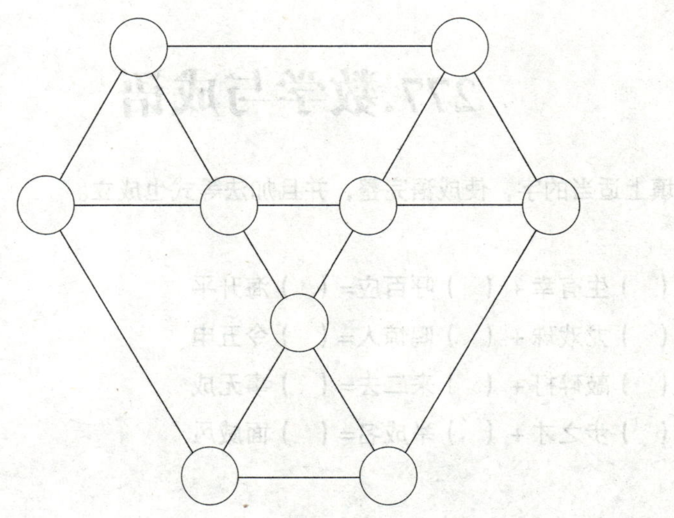

276.字母与数字

这是一个四进制的算式。在这个算式中，字母A、B、C、D分别代表0、1、2、3中的某一个数字。请问按此算式，字母A、B、C、D各代表什么数字?

$$
\begin{array}{r}
A\ B\ C\ D \\
+\ C\ B\ A\ B \\
\hline
B\ B\ C\ B\ B
\end{array}
$$

智慧点睛：在四进制中，加法运算是这样进行的：

0+0=0 0+1=1 0+2=2 0+3=3

1+1=2 1 + 2=3 1+3=10

2+2=10 2+3=11

3+3=12

277.数学与成语

填上适当的字，使成语完整，并且加法等式也成立。

(　)生有幸 + (　)呼百应= (　)海升平

(　)龙戏珠 + (　)鸣惊人= (　)令五申

(　)敲碎打 + (　)来二去= (　)事无成

(　)步之才 + (　)举成名= (　)面威风

278.划分区域

你能将左边方格划分为6个完全相同的部分。要求划分后的每个部分中，所有数字之和必须等于17。

7	1	4	4	4	3
3	5	5	3	5	2
5	5	1	3	5	0
1	4	3	2	0	5
3	0	4	5	6	4

279.母鸡的理想

一只母鸡想使每行（包括横、竖和斜线）中的鸡蛋不超过两个，它能在蛋格子里下多少蛋?你能在表格中标注出来吗?图中有两个鸡蛋了，因而不能再在这条对角线上下蛋了。

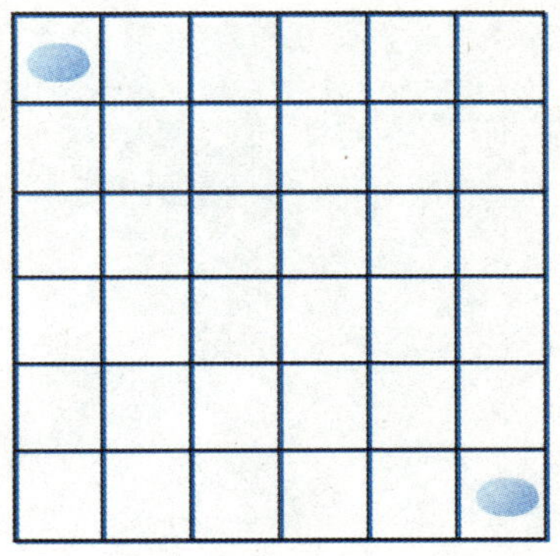

280.斜线不斜

下图中竖直的线条是倾斜的吗?

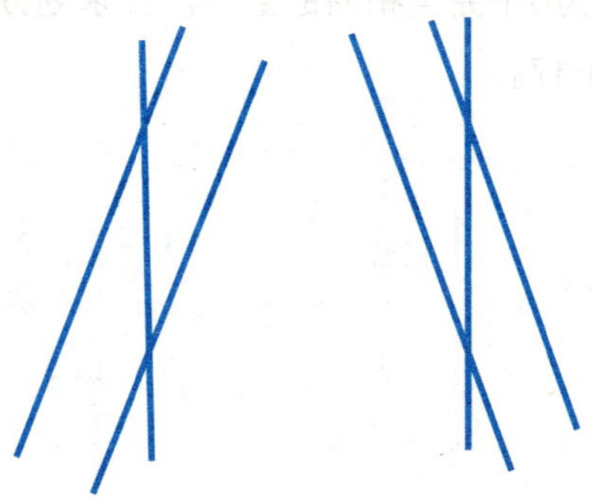

281.填补空白

在给出的选项中选出一个正确的选项，填入图像中的空白处。

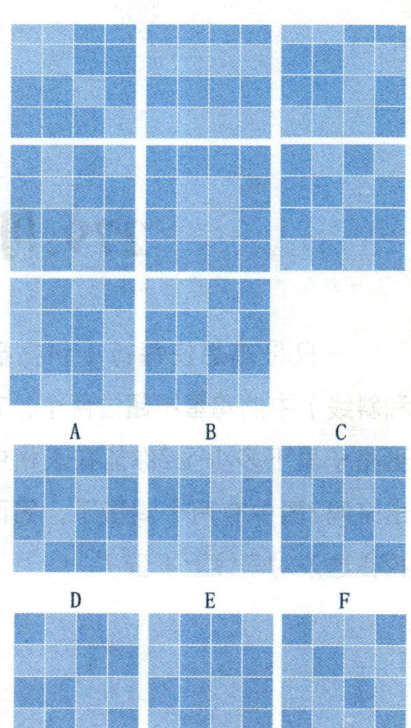

282.挑选异类

有一个图案与众不同，你能找出来吗？

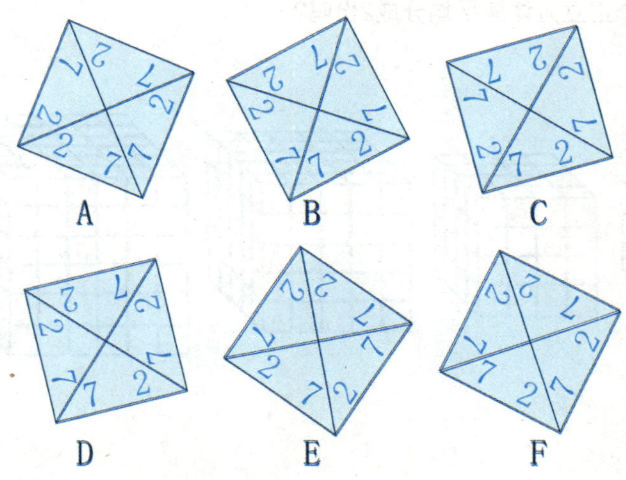

283.计算面积大小

用9根火柴棒摆成正三角形，用2根火柴棒将其分为1和2两部分，现在算一算，哪一个部分的面积更大？

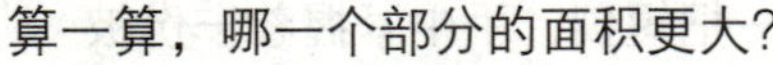

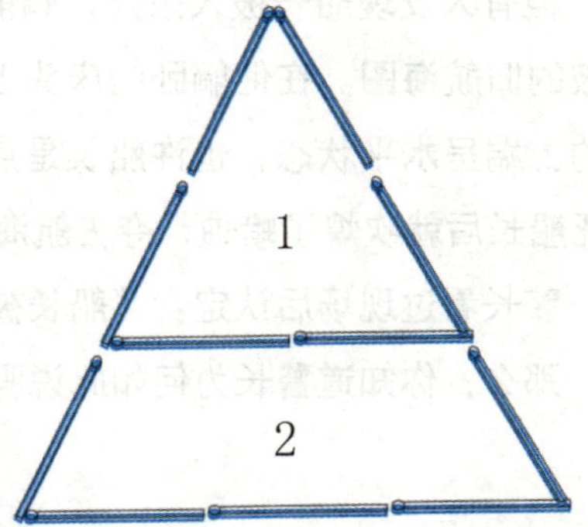

284.如何平分

有四个正立方体的每边的长度分别是3厘米、4厘米、5厘米和6厘米。这四个正立方体能平均分成2份吗?

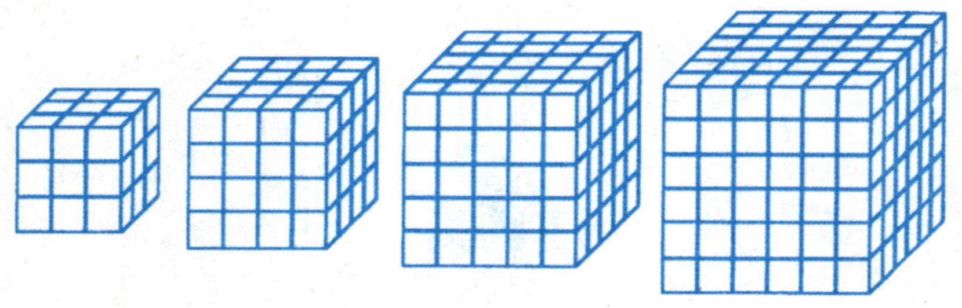

285.推测时间

早晨九点左右，海滩边，一艘小帆船倾斜在沙滩上，此时是退潮的时候。

但有人发现船长被人杀死，胸前插着一把短剑，手中紧握着一份被撕破的旧航海图。在他躺卧的床头上，还竖着一根已经熄灭的蜡烛，蜡烛的上端呈水平状态，也许船长是点燃蜡烛在看海图时被杀害的，凶手杀死船长后就吹熄了蜡烛，夺去航海图才逃跑的。

警长看过现场后认定：“船长被害的时间，就是昨晚九点左右。”

那么，你知道警长为何如此说吗?

286.选择同类

这是一个带有心形图案的礼品盒的展开图，在A、B、C、D四个立方体中，哪一个立方体的图案可以由给出的图形折叠出呢？

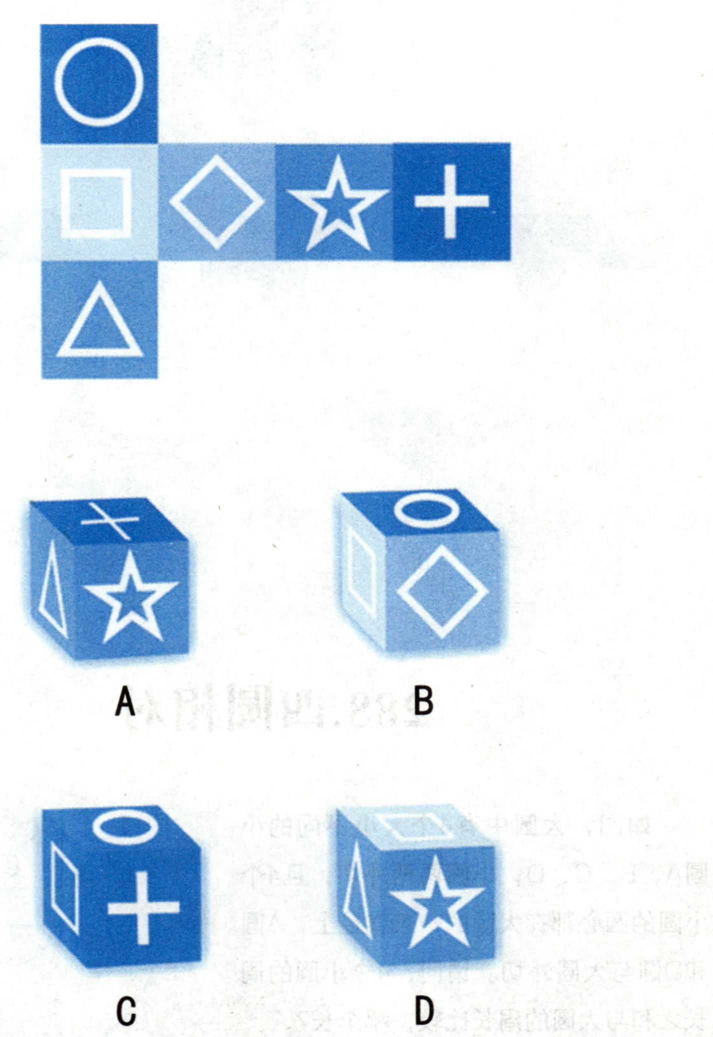

287.哪个与八面体无缘

给出的选项中，哪一个不能折叠出八面体。

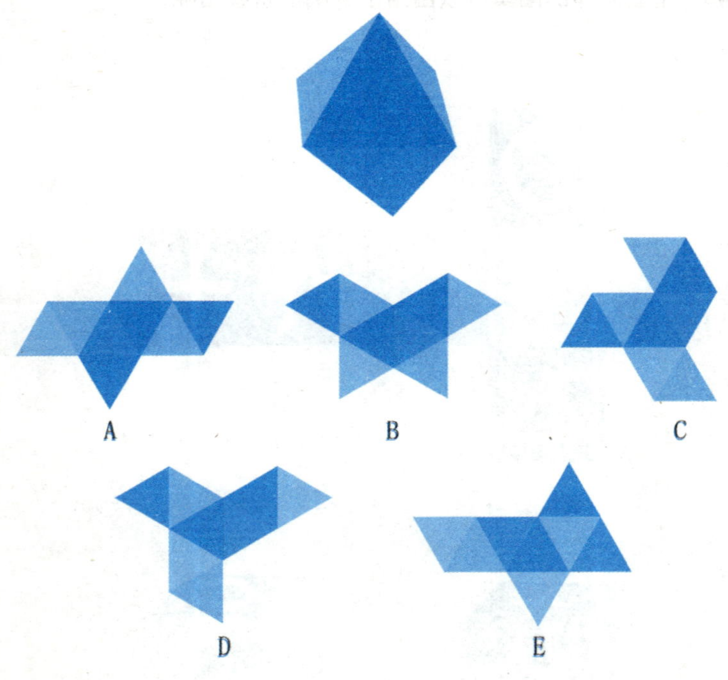

288.四圆相对

如图，大圆中有4个大小不同的小圆A、B、C、D，小圆两两外切，且4个小圆的圆心都在大圆的一条直径上，A圆和D圆与大圆外切。请问，4个小圆的周长之和与大圆的周长比较，哪个长？

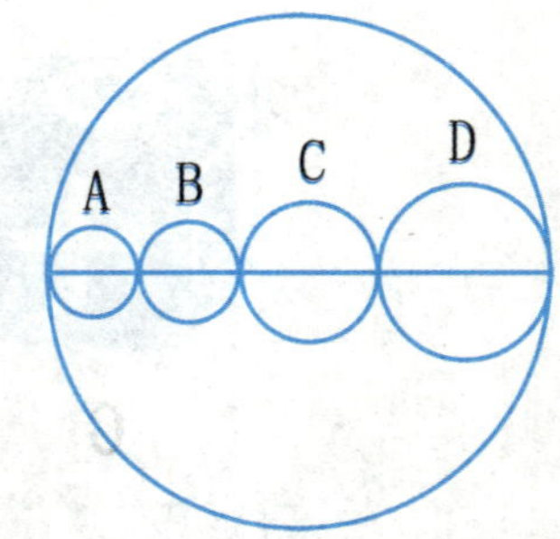

289.六边形内部之变

如右图是用12根火柴棒组成的一个正六边形。如果用18根火柴棒在六边形的内部拼出6个小正六边形，你能做到吗?

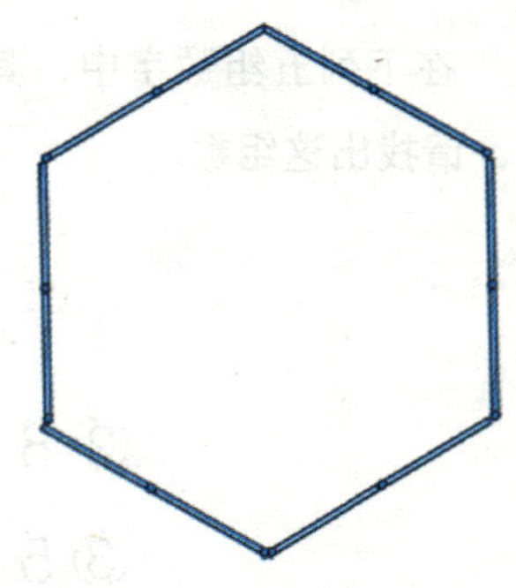

290.阶梯求数

请填出问号处所代表的数字。

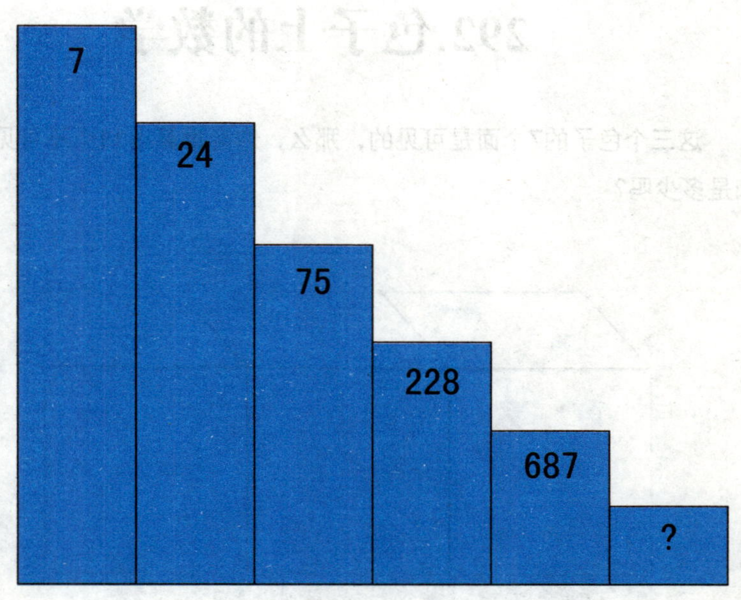

291.与众不同的数

在下列五组数字中，其中4组数有一个共同的特性，只有一组数与众不同，请找出这组数。

①741115

②881624

③561117

④921113

⑤771117

292.色子上的数学

这三个色子的7个面是可见的，那么，你能推算出11个不可见面的点数和是多少吗?

293.燃烧了多久

一天晚上，小迪正在房间里做作业，突然停电了，爸爸拿来两支蜡烛，同时将它们点燃，让小迪继续做作业。

第二天，小迪想知道昨晚停了多久的电，但她当时只顾做作业，没有注意停电和来电的时间，只记得两支蜡烛的长短一样，但粗细不同，其中粗的一支全部烧完需要5个小时，细的一支则4个小时就可用完。于是，小迪就去找那两支被烧过的蜡烛。可爸爸告诉她，蜡烛都烧得差不多了，早上起来倒垃圾时已经捎出去扔掉了。不过，爸爸又告诉小迪，粗蜡烛剩下的长度是细蜡烛剩下长度的4倍。

聪明的小迪根据爸爸所提供的信息，很快计算出了蜡烛燃烧的时间，这样她就知道昨晚停了多久的电。

请问，这两支蜡烛各燃烧了多久?

294.少卖了10元

有位老农挑着两篮各60斤的西瓜在叫卖，其中，一篮大西瓜每2斤卖5元，另一篮小西瓜3斤卖5元。这时有个年轻人过来说：“你把两篮西瓜搭配起来卖，岂不卖得快些？2斤大西瓜搭配3斤小西瓜，一共卖10元。”老农听了觉得有理，于是就开始按照年轻人说的方法卖，真的卖得快了些。但是等西瓜全部卖完后，老农一算账，发现少买了10元。

你知道这是为什么吗？

295.找出问题

有一个六角帐篷，它的几何形状是一个正六棱锥，这顶帐篷有七个角，但只有六个角着地，一个悬空。你知道问题出在哪里吗？

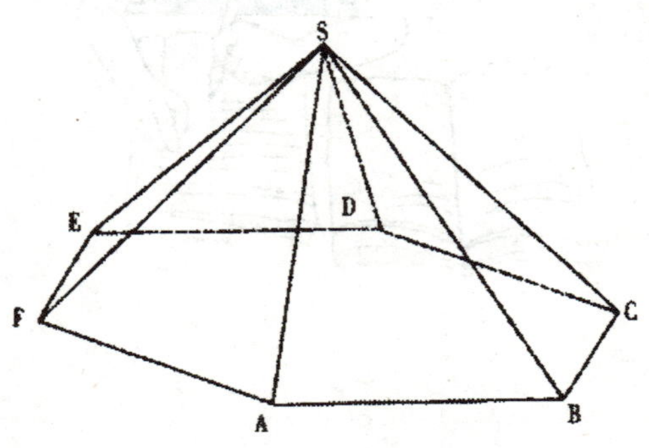

296.填补空缺

从给出的图形中找到数字变化规律，在问号处填上恰当的数字。

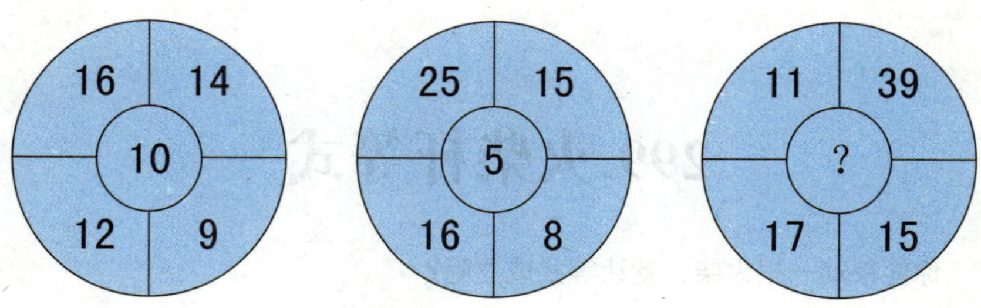

297.选出另类

5个选项中，有一个与给出的图像不对应，你能找出来吗?

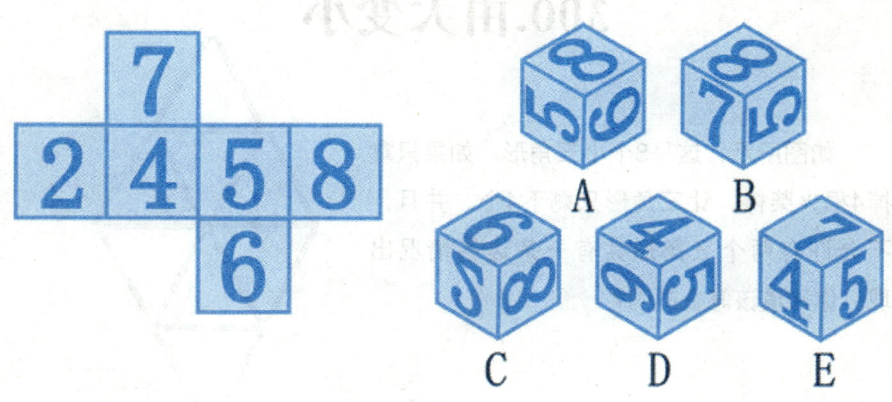

298.你同意吗

2立方米的乒乓球与1立方米的黄豆混合在一起，总共的体积为3立方米。这种说法对吗？

299.火柴杆等式

你能移动一根火柴，就让等式成立吗？

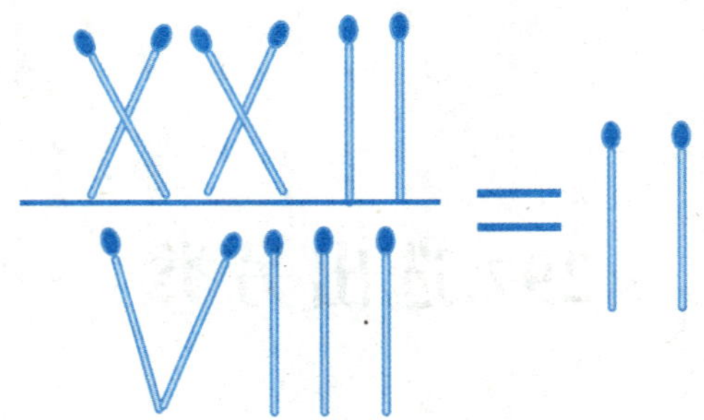

300.由大变小

如图所示，这是8个小三角形。如果只拿掉4根火柴棒，让三角形只剩下4个，并且，不允许有两个三角形共有一条边的情况出现。你知道该怎么办吗？

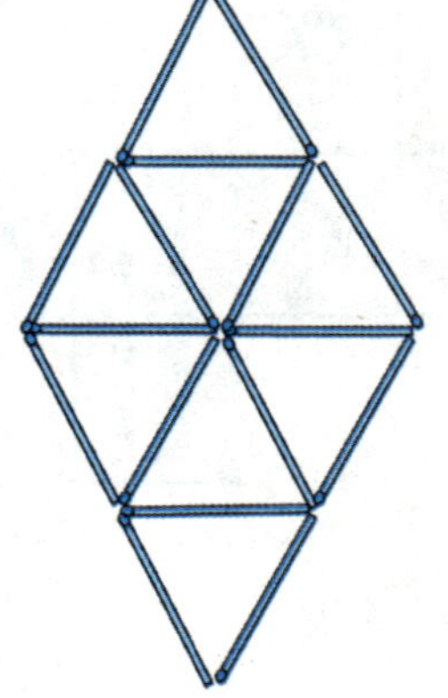

301.换蛋糕

一家蛋糕店刚刚开业，为了吸引顾客，打出了“5个蛋糕盒换1个蛋糕”的标语。这家蛋糕店承诺，在活动期间，凡是购买5个蛋糕的顾客，只要拿着5个蛋糕盒就可以来兑换1个蛋糕。小芳全家三口人都很喜欢吃蛋糕，这半个月来，她家人共吃了161个蛋糕，其中一些是用吃剩下来的空盒子和店家换的。

你知道小芳家这半个月至少买了多少个蛋糕吗?

参考答案

1. 台阶知多少

是119个。

2. 骄傲的乌龟

不对。乌龟只看到了速度和距离，却没考虑时间。事实上，兔子只要用10/9秒的时间就能与乌龟相遇，然后跑到乌龟的前面去。

3. 看不见的数字

3581，7162

4. 神奇的镜子

18和81，29和92。

5. 它们值多少钱

鸭子=5，彩球=2，风车=4，熊=1，蝴蝶=3。因此，纵向列的未知数为11，横向行的未知数是11。

6. 聪明的蕾蕾

鸭梨是这样分的：先把 3 个鸭梨各切成两半，把这 6 个半块分给每人 1 块。另两个鸭梨每个切成 3 等块，这 6 个1/3也分给每人 1 块。于是，每个人都得到了一个半块和一个1/3块，也就是说，6 个人都平均分配到了鸭梨，而且每个鸭梨都没有切成多于3块。

7. 谁先到30

蓬蓬的策略其实很简单：他总是报到3的倍数为止。如果亨亨先报，根据游戏规定，他或报1，或报1，2。若亨亨报1，则蓬蓬就报2，3；若亨亨报1，2，蓬蓬就报3。接下来，亨亨从4开始报，而蓬蓬视亨亨的情况，总是报到6为止。依此类推，蓬蓬总能使自己报到3的倍数为止。由于30是3的倍数，所以蓬蓬总能报到30。

8. 小小的运动服

他运动服上的号码是1986。

9. 哪里出问题了

与付账是吻合的。

3个人开始拿出30元，后来退回3元，其结果是3人负担27元。

27元的清单是会计收取25元和服务员私吞的2元，正好与付账的钱一致。服务员私吞的2元，包含在3人负担的27元内。

会计收取的25元+服务员私吞的2元=3人负担的27元。

因此，3人负担的27元，加上服务员私吞的2元的29元的数字，实际上没有任何意义，因为这2元已经包括在27元里了。所以说，30元与这29元的差额1元是无意义的。

10. 巧填数字

问号处应填10。☆=5，¤=3，◇=2

11. 破译密码

E=7，W=4，F=6，T=2，Q=0，东路兵力是7240，西路兵力是6760，总兵力是14000。

细心分析，可以发现只能是Q+Q=Q，而不可能是Q+Q=2Q，故Q=0；

同样，只能是W+F=10，T+E+1=10，E+F+1=10+W。

所以有三个式子：

（1）W+F=10

（2）T+E=9

（3）E+F=9+W

可以推出2W=E+1，所以E是单数。

另外E+F>9，E>F，T+E=9，所以推算出E=9是错误的，E=7是正确的。

12. 粮食的重量

最多称3次。把大米和玉米、玉米和小米、大米和小米分别两袋一起称。把三次的重量加起来除以2，就得到一袋大米、一袋小米和一袋玉米的总重量。然后把总重量分别减去大米和玉米、玉米和小米、大米和小米的重量，就能算出小米、大米和玉米各重多少了。

13. 猜年龄

卡卡最大，阿修最小。（从大到小依次为：卡卡、阿伦、年年、艾丽、小菲、阿修）

14. 丁丁的年龄

丁丁今年23岁。

15. 月牙弯弯

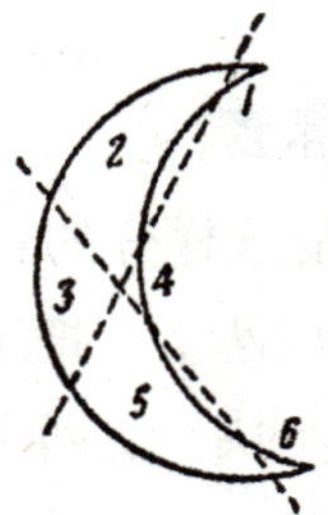

16. 神奇的“5”

1=55÷55

2=5÷5+5÷5

3= (5+5+5) ÷5

4= (5×5−5) ÷5

5=5+5× (5−5)

6=55÷5−5

17. 随机号码

可能性为零。根据该题目的游戏规则，无论你找出的是哪一组数字，如4、2、9；或者7、8、3，他们的数字总和总是3的倍数：4+2+9=15；7+8+3=18，这样的数字总是能够被3除尽的。所以，按照题目要求所组成的号码，都是可以被3除尽的。

18. 多少小兔子

12个月兔子的对数分别是：1、1、2、3、5、8、13、21、34、55、89、144。所以满一年可以繁殖出376对兔子。

19. 农夫的遗嘱

农夫留下15头牛。

妻子　8头；

长子　4头；

次子　2头；

幼子　1头。

20. 巧填数字

9 − 5 ＝ 4
　　　　×
6 ÷ 3 ＝ 2
　　　　＝
1 ＋ 7 ＝ 8

21. 日历求和

这3个日期分别是星期二，星期三，星期四，假设星期三的日期为X，则 (X−8) +X+ (X+8) =42。这样可以得出X=14。所以这三天应该是 6号、14号、22号。

22. 哪一个多

一样多。第二次取出的那勺水，因为它和第一勺体积相等，都设为a。假设这勺混合液中白酒所占体积为b，那么倒入第一瓶白酒的水的体积为a－b。第一次倒入水的白酒为a，第二次舀出b体积白酒，则水里还剩a－b体积白酒。所以白酒瓶里的水和水瓶里的白酒一样多。

23. 巧分果汁

把4个半杯的倒成2杯满果汁，这样，满杯的有9个，半杯的有3个，空杯子的有9个，3个人容易就平分了。

24. 公主待嫁

所罗门王画的图案中一共有31个不同的等边三角形。

25. 多少瓶啤酒

先买161瓶啤酒，喝完以后用这161个空瓶可以换回32瓶（161÷5=32……1）啤酒，然后再把这32瓶啤酒退掉，这样一算，就发现实际上只需要买161−32=129瓶啤酒。可以检验一下：先买129瓶，喝完后用其中125个空瓶（还剩4个空瓶）去换25瓶啤酒，喝完后用25个空瓶可以换5瓶啤酒，再喝完后用5个空瓶去换1瓶啤酒，最后用这个空瓶和最开始剩下的4个空瓶去再换一瓶啤酒，这样总共喝了：129+25+5+1+1=161瓶啤酒。

26. 计算损失

商店老板损失了100元。

老板与朋友换钱时，用100元假币换了100元真币，此过程中，老板没有损失，而朋友亏损了100元。

老板与持假钞者在交易时：100＝75＋25元的货物，其中100元为兑换后的真币，所以这个过程中老板没有损失。

朋友发现兑换的为假币后找老板退回时，用自己手中的100元假币换回了100元真币，这个过程老板亏损了100元。

所以，整个过程中，商店老板损失了100元。

27. 律师的难题

那位寡妇应分得1000元，儿子分得2000元，女儿500元。这样，遗嘱人的遗愿就完全得到履行了，因为寡妇所得恰是儿子的一半，又是女儿的两倍。

28. 巧妙射击

一共要射6支箭。各箭的得分是：17、17、17、17、16、16。

29. 恒等于14

$$
\begin{array}{r}
(2)-1=1 \\
(1)\times 2=2 \\
(2)\times 3=6 \\
+\ (9)-4=5 \\
\hline
14
\end{array}
$$

30. 吃白菜

9分钟。一只山羊吃掉一棵白菜需要6分钟，所以，吃掉一棵半的白菜需要9分钟。半只山羊是不会吃东西的。

31. 平均分配

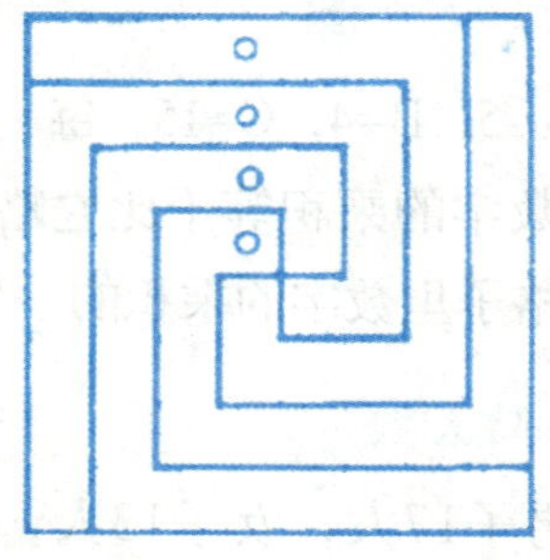

32. 结水成冰

1/11。假设现在有12毫升的冰，这冰融化后变成水，体积减小1/12，也就是只剩下11毫升的水。当这11毫升的水再结成冰时，则又会变成12毫升的冰，对于水而言，正好增加了1/11。

33. 作家的年龄

该作家生于1814年，死于1841年。

34. 猜数字

37和64。

35. 卖鸡

第一次9元钱卖鸡时赚了1元，第二次11元卖掉时，又赚了1元。总共是2元。

36. 巧妙的移动

将第2只杯子里的水倒入第7只杯子，将第4只杯子里的水倒入第9只杯子，这样就可以使其相间了。其实题目考的是一种思维方式，解答的时候不要拘泥于题目本身，要拓宽思路。

37. 农妇的鸡蛋

一个农妇带了40个鸡蛋，另一个农妇带了60个鸡蛋。

38. 买卖古董

他赔了5元。假设甲古币收购时花了A元，乙古币B元，那么，A×(1+20%)=60，得A=50，B=75，A+B=125，因此赔了5元。

39. 探险家的困惑

实际上，这些人走了一个圆。人走路时，两脚之间有一定的距离，大约是0.1米，每一步的步长大约是0.7米，由于每个人两脚的力量不可能完全一致，因此迈出的步长也就不一样，若在白天要沿直线行走，我们会下意识地调整步长，保证两脚所走过的路程一样长。当在夜间行走辨不清方向时，就没有意识调整步长，走出若干步后两脚所走路程的长就有一定差距，自然就不是沿直线行走，而是在转圈，这就是“鬼迷路”现象。

40. 糊涂的当当

不正确。如果出错的话，至少有2封信出错。

41. 商人的遗嘱

解决的办法，当然不是把23匹马卖掉，换成现金后再分配。而是，假定还有24匹马。在这24匹马中，长子得到1/2的12匹马；次子得到1/3的8匹马；三儿子得到1/8的3匹马。

不偏不倚，按照遗嘱分完后，三人分到的马加起来正好是23匹。

如果拘泥于“遗产全部瓜分”的思维方式，那么这道题就解不出来了。

42. 一次变正确

（1）把62移动成2的6次方。$2^6-63=1$

（2）把后面等于号上的“－”移动到前面的减号上，使等式成为62=63−1。

43. 金字塔求值

A=5，B=4，C=15。每一条格子里数字的乘积等于比它略长一点的格子里数字的乘积的一半。

44. 剧院人数

男子17人，女子13人，小孩90人，一共刚好120人。

45. 淡定的阿凡提

水面一点也不会升高，因为冰块融化成水的体积正好是它排开水的体积。

46. 分糖果

从题目的数据可以知道，女孩的分配比例应为9:12:14。因此，770颗糖果的分法如下：大姐分到198颗，二姐分到264颗，小妹分到308颗。

47. 顾客的要求

5枚2分的邮票，50枚1分的，

8枚5分的，加起来正好是1元。

48. 案发时间

这是一个看起来复杂其实很简单的问题。作案时间是12:05分。计算方法很容易，从最快的手表（12:15分）中减去最快的时间（10分钟）就行了。或者将最慢的手表（11:40分）加上最慢的时间（25分钟）也可以得出相同的答案。

在分析问题的时候，最重要是找到解决思路，把看似复杂的问题分解成简单的部分处理。

49. 老钟的时间

36分钟。

对于老钟来说，从3点到12点，实际需要的时间是9×64分钟，如果目前是12点，则已经过了9×60分钟，所以还需36分钟。

50. 书虫

6.2厘米。你计算的是不是把所有的厚度都相加呢？要看清楚书所放的位置。书虫只啃了第一册的封面、第二册和第三册的全部以及第四册的封底。所以，书虫啃书的厚度是0.1+3+3+0.1=6.2厘米。

51. 巧妙的旅行

甲买一张经由南极到B市的机票，乙买一张经由南极到A市的机票，当他们两人在南极相会时，把机票互换一下，这样他们只花了800美元就到了自己的城市。

52. 动物的价值

狗=12，马=9，鸟=5，猪=7。

53. 五个算式

$$(4+4)\div(4+4)=1$$
$$4\div4+4\div4=2$$
$$(4+4+4)\div4=3$$
$$(4-4)\div4+4=4$$
$$(4\times4+4)\div4=5$$

54. 开始有多少钱

刚开始甲有260元，乙有80元，丙有140元。

提示：用倒推法。

55. 只称一次

把每个箱子编上号，从第一个箱子中取出一个轴承，从第二个箱子中取出两个，从第三个箱子中取出三个……以此类推，从第十个箱子中取出十个。

把这些轴承称一称，假设它们的标准重量是5500克。如果是第一个箱子的轴承超重，结果就应该是5510克；如果是第二个箱子，结果就应该是5520克……

56. 生蛋问题

仍然仅需5只鸡。

57. 从哪里裂开

从3和4～9和10之间裂开的。

58. 有多少和尚

你可以用“编组法”。由于大和尚一人分3个馒头，小和尚3人分一个馒头。合并计算，即是：4个和尚吃4个馒头。这样，100个和尚正好编成25组，而每一组中恰好有1个大和尚，所以我们可立即算出大和尚有25人，从而可知小和尚有75人。

100÷(3+1)=25，

100−25=75。

59. 羊群问题

本题载于我国明代著名数学家程大位的《算法统宗》一书中。

(100－1)÷(1＋1＋1/2＋1/4)=36只。

60. 由内到外

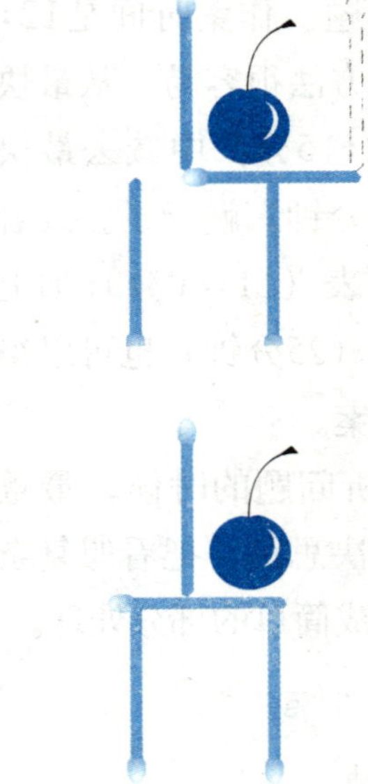

61. 巧妙称糖

两个砝码放左边，右边放糖，平衡后把左边的砝码换成糖，左边就应该是1千克的。

62. 牛奶的重量

牛奶的一半重3.5−2=1.5千克，牛奶重1.5×2=3千克，瓶子重3.5−3=0.5千克。

63. 巧填不等式

通过观察可知，第二行中间

的数是九个数中最大的，所以应填上9；四个角的数应该是1、2、3、4，而其他的四个应该是6、5、7、8，只要来回调换一下1、2、3、4，以及5、6、7、8的位置，就可以填对。

[1] ＜ [5] ＞ [2]
∧　　∧　　∧
[8] ＜ [9] ＞ [6]
∨　　∨　　∨
[4] ＜ [7] ＞ [3]

64. 丢失的数字

7。每行都是一个省略了运算符号的乘法算式：8×23=184，9×23=207。

65. 调皮的风

丢失的是7~8页，13~14页。

66. 冷饮的价格

冷饮花了5角。

67. 出去了多久

假设分针速度为1，则时针速度就为1/12。依题意，小丽回来时，分针共比时针多走了110度＋110度=220度，相当于220÷30=22/3（大格），所以有：(22/3)÷(1－1/12)=8（大格）。8×5=40（分钟），即小丽出去了40分钟。

68. 跳几次才能出去

8次。

不要被题中的枝节所蒙蔽，每次跳上3米滑下2米实际上就是每次跳1米，因此10米花10次就可全部跳出，这样想就错了。因为跳到一定时候，就出了井口，不再下滑。

69. 左边还是右边

蜡烛燃烧尽后，重量减少，杠杆将向左边倾斜，所以足球滚向左边。

70. 聪明的妻子

0只。“6”去掉“头”，“8”去掉半个，“9”去掉“尾巴”，结果都是“0”。

71. 风铃的拴法

因为并没有要求绳子是直的，所以可以用5个风铃花连成一个圈。

72. 小圆转了几圈

小圆滚2圈的距离等于大圆的周长。所以答案为2圈。里圈和外圈答案一样， 因为距离没变。

73. “田”变“品”

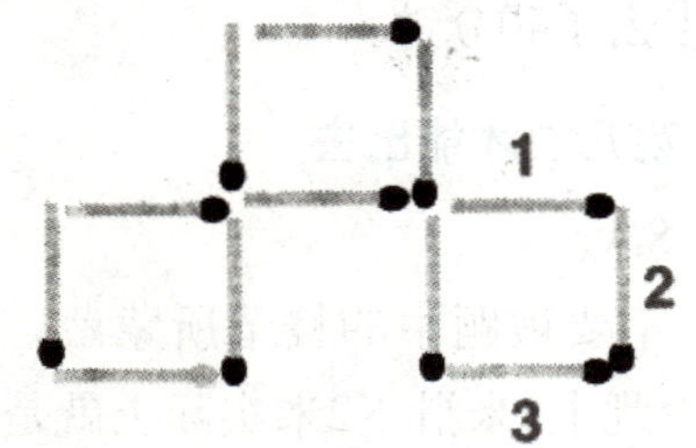

74. 老板的难题

老板倒4升的果汁到小华的瓶子里，然后把这些果汁倒到小力的瓶子里，小力就得到他想要的果汁了。现在果汁桶里还剩下18升的果汁，老板把这些果汁倒到小华的瓶子，直到桶里的果汁高度是圆桶的一半就可以了，刚好只剩15升，而小华也得到了他想要的3升果汁。

75. 哪三个数

1×2×3=6，

1+2+3=6。

76. 半盒鸡蛋

鸡蛋盒子在60分钟时全满，一分钟之前，即59分钟的时候是半盒子鸡蛋。

77. 剩下几根蜡烛

燃着的蜡烛最终将燃尽。所以，最后只能剩下5根被风吹灭的蜡烛。

78. 经典问题

设鸡有x只，则兔有(36－x)只，由题意，得

$2x+4(36-x)=100$。

解之，得x=22，鸡有22（只），兔有36−22=14（只）。

79. 如何安排

88×8+8+88=800。

80. 智过山涧

小孩可以把木板向山涧的那边伸出一小部分，并站在木板的另一端压住。大人可以把木板搭在自己的一方与小孩的木板之间，就可以从容过河了。然后他可以压住木板，让小孩过河。

81. 会同时到达吗

不会。在增加的10米中，兔子还是领先乌龟1米左右。

82. 不见的正方形

5小块图形中最大的两块对换了一下位置之后，被那条对角线切开的每个小正方形都变得高比宽大了一点点。这意味着这个大正方形不再是严格的正方形。它的高增加了，从而使得面积增

加，所增加的面积恰好等于那个方洞的面积。

83. 硬币变三角

84. 分鸭子

把其中的4根木条都截成原来的木条长度的一半，然后放在平面上拼起来。如下图。

85. 神奇的算式

这个等式是9 × 9 = 81，但从不同的方向看就会看出不同的答案，另一个老师看的就是18=6 × 6。

86. 规律

找出规律了吗？得数是较小数的2倍。

当从两个数的和中减去这两个数的差时，就是从两个数的和中减去了较大数比较小数多的一部分，得到的结果是两个较小数的和，也就是较小数的2倍。

87. 列算式

①1 + 7=8；

②4 + 5=9；

③2 × 3=6。

88. 布店的买卖

不能答应。假设两匹布就只值20元钱，一匹布就值10元，如果是半价，那两匹布就只值10元钱，一匹布也就值5元钱。5元钱是不能抵消两匹布的半价10元钱的。

89. 问号处填什么

3。互为对角部分的数字之和等于11。

90. 麦袋问题

至少移动5个麦袋，麦袋的摆放次序是：2，78，156，39，4。

91. 商人的钱币

商人最初就只有两个钱币。

92. 数字路线

÷	5	-		-	4	×
2		1		12		8
×		+		+		÷
3		9		11		6
+		×		÷		=
7		10	-	43		20

93. 撕掉的日历

第一张是2号，最后一张是10号。

94. 爸爸的难题

95. 放假

实际上是办不到的。因为安排座位的数字太大了。它需要10×9×8×7×6×5×4×3×2×1 =3628800天，这个数字的天数相当于10000年。

96. 莱特的胜算

他应该先放空枪。他如果先射击“枪神”，打中的话，“枪怪”就会在2枪之内把他打死；如果先射击“枪怪”，射中的话，枪神会一枪就要了他的命。如果先射“枪怪”而未中，“枪神”就会先射“枪怪”，然后对付莱特。假如射中了“枪神”，“枪怪”赢莱特的概率是6/7，而莱特赢的概率是1/7。

假如先放空枪，莱特下一步要对付的就是其中一个人了。如果“枪怪”活着，莱特赢的概率是3/7。如果“枪怪”没打中“枪神”，“枪神”就会一枪打中他，此时莱特的胜算是1/3。

莱特先放空枪，他的胜算会提高到约40%，而“枪神”、“枪怪”的胜算是22%、38%。

97. 排队

站成五角星的形状，5个顶点和5个交叉点各站一个人。

98. 算式谜题

① 2+3×4+5×6+7×1=51

② 5+6×7+1+2−3+4=51

③ 6×7+1+2−3+4+5=51

99. 墓碑上的难题

84岁。假设数学家的年龄为X岁。根据碑文很容易列出方程：X=X/7+X/4+5+X/2+4，即可解得X=84。

100. 花花分糖

有6个客人，27颗棉花糖，当然前提是她自己不能吃。

101. 史密斯戒烟

40支。

102. 亨利太太的手表

20小时。亨利太太的一只手表比另一只手表每小时要快3分钟，所以经过20小时之后，它们的时差为1小时。

103. 不相交的路

104. 称重量

31种。可以称1克～31克中的任何一个重量。该题为组合问题，5选1有5种，5选2有10种，5选3有10种，5选4有5种，5选5有1种，合计为31种。

105. 填数字

4	6	11	13
9	15	2	8
14	12	5	3
7	1	16	10

106. 1，2，3

3的21次方。是不是比你的答案要多许多呢？

107. 分了多少块

最多可以切22块。

切割的次数	最多的块数
0	1
1	2
2	4
3	7
4	11
5	16
6	22

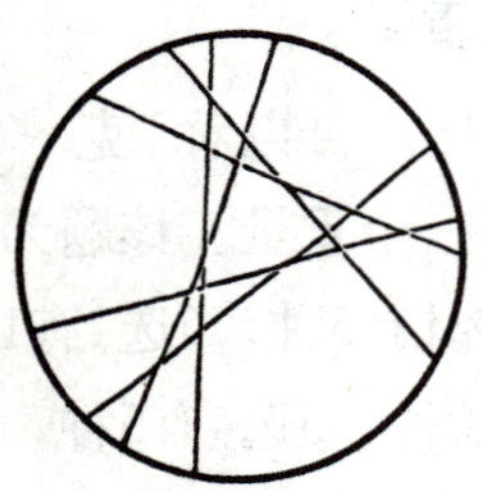

108. 猜猜三位数

504。因为7、8、9正好是一组倍数，所以7×8×9=504。

109. 三刀切饼

第一刀和第二刀是相交垂直地切，就切成了4块，然后把这4块煎饼叠起来，用第三刀把它们一分为二，就成为8块。

110. 小安家的鱼

在数字中，除了0外，只有1和8照出来依旧是本数，于是知道两种鱼条数的积是81，因 81在镜子里是18，正好是9+9。由此可知，五彩神仙鱼、虎皮鱼的数目各是9条。

111. 剩下的牌

A拿的两张牌是1，9；B为4，5；C为3，8；D为6，2。剩下的那张牌是7。

112. 有多少正方形

11个。

113. 智填符号

(4÷2+5－4)×9=27。

114. 亮亮的时间表

亮亮把时间进行了重复计算。举一个很简单的例子，在他暑假的60天里，他把用餐和睡觉的时间既计入了暑假的时间，又分别计入了全年的用餐时间和睡觉时间。

115. 几条路线

一共有252种路线。下图中的数字表示所有可能的路线经过该数字所在交叉点的累积次数。

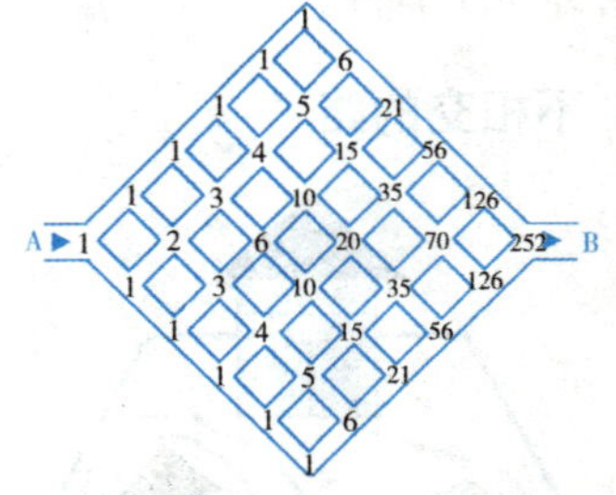

116. 猜年龄的秘诀

这是一个通用的式子。把最后的数字扣掉365，百位数与千位数就是你的出生月日，剩下的十位与个位数就是你的年龄。

117. 残缺的等式

(1+2)÷3=1

1×2+3−4=1

[(1+2)÷3+4]÷5=1

[(1×2+3−4)+5]÷6=1

{[(1+2)÷3+4]÷5+6}÷7=1

{{[(1×2+3−4)+5]÷6}+7}÷8=1

118. 表格里的问号

C列问号里填1，E列问号处填9。

B+D=E；E−A=C。

119. 巧算面积

白色部分面积：

(3×3−2×2)+1×1

=(9−4)+1

=5+1

=6(平方米)

阴影部分面积：

（4×4−3×3）+（2×2−1×1）

=（16−9）+（4−1）

=10(平方米)

所以白色部分面积是阴影部分面积的3/5。

120. 求和等式

9+8+7+6+5+43+21=99

9+8+7+65+4+3+2+1=99

121. 如何平分

①两次装满脸盆，倒入7斤的桶里；

②往3斤的脸盆里倒满米，再将脸盆里的米倒入7斤的桶里，使桶装满，这样脸盆中还有2斤米；

③将7斤米全部倒入10斤的袋子中；

④将脸盆中剩余2斤米倒入7斤的桶里；

⑤将袋子里的米倒3斤在脸盆中，再把脸盆中的米倒入桶里，这样桶里和袋子里就各有5斤米。

122. 数一数

15个正方形，72个三角形。

123. 酒鬼知多少

一共有6个酒徒。

124. 智变三角形

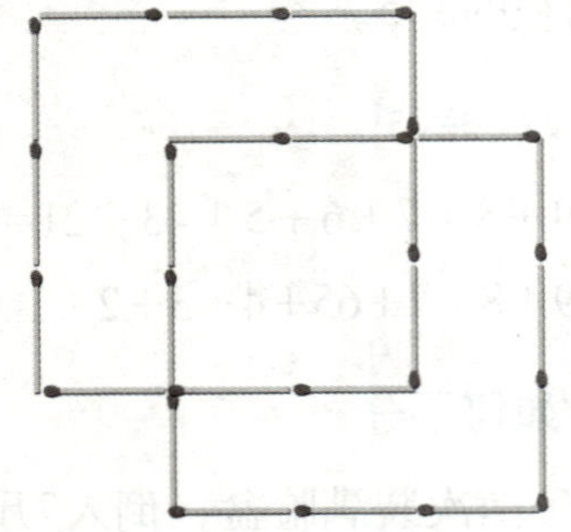

125. 你追我赶

小猫跑了5000米。小猫的奔跑速度是不变的，只需要知道小猫跑了多长时间，就可以计算出它的奔跑路程。而同同追上苏苏用了10分钟，因此小猫跑了5000米。

126. 指针交换

不能，除了两针重合时能正确表示时间外，表针在其他位置均无法表示正确的时间。

127. 拼方块

答案如图。

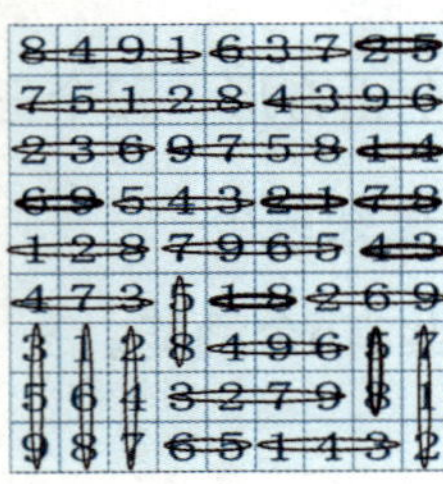

128. 商店建在哪里

因为这些用户沿着铁路排列，可以看成是一条直线。商店应在最中间两户间任意一点。

129. 要跑多远

能。猫要跑60步才能追上老鼠。

130. 一笔成图

1，2，3可以一笔画出来，4，5，6不能一笔画出来。

131. 移动火柴棒

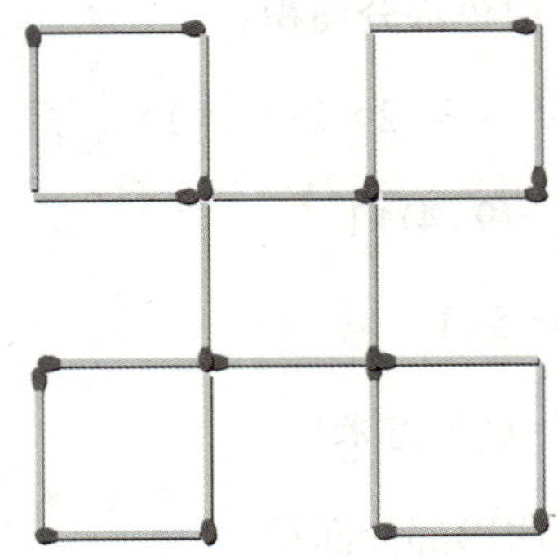

132. 聪明的高斯

第一个数和最后一个数、第二个数和倒数第二个数相加，它们的和都是一样的，即1+100=101，2+99=101……

50+51=101，一共有50对这样的数，所以答案是50×101=5050。

133. 圆圈里的数字是多少

这道题只要我们求出一个顶点上的数，其它数就容易求出来了。我们先想右下角的数。

（1）21−8=13,21−10=11

想：“13”左右两个数的填法，“11”上下两个数的填法。

13		11	
1	12	1	10
2	11	2	9
3	10	3	8
4	9	4	7
5	8	5	6
6	7	6	5
7	6		

当8右边的数和10下面的数出现同一个数时，就是右下角要填的数，即右下角要填6。

（2）填写左下角○内的数：21−（8+6）=7，左下角为7。

（3）填写下面○内的数：21−（6+10）=5，上面应填5。

（4）左边线上三个数相加：5+9+7=21，说明符合条件。

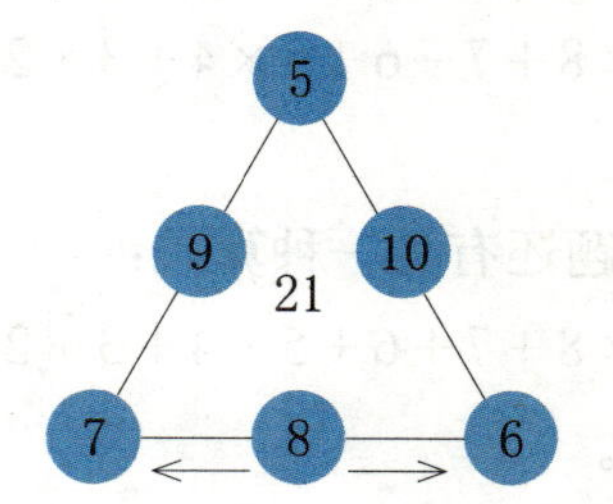

134. 六等分

7	1	4	4	4	3
3	5	5	3	5	2
5	5	1	3	5	0
1	4	3	2	0	5
3	0	4	5	6	4

135. 歪博士下棋

原来的25颗棋子不动，只需把新加的5颗棋子像下图那样与别的棋子重叠就可以了。（如下图）

136. 100的等式

$9\times8+7-6+5\times4+3\times2+1=100$。

此题还有另一种算式：

$9\times8+7+6+5+4+3+2+1=100$。

137. 数字谜语

A=4，B=9，C=5。

$$\begin{array}{r} 4\ 9\ 5 \\ +4\ 4\ 9 \\ \hline 9\ 4\ 4 \end{array}$$

138. 文具卖多少

假设铅笔=X，钢笔=Y，圆珠笔=Z，橡皮=Q，可以得出：

2Z+1Q=3 (1)

4Y+1Q=2 (2)

3X+1Y+1Q=1.4 (3)

把(1)×1.5，把(1)÷2，可以得出：

3Z+1.5Q=4.5

2Y+0.5Q=1

把这两个式子与式（3）加起来就是：3X+3Y+3Z+3Q=6.9，由此可得X+Y+Z+Q=2.3（元）。

139. 简单算式

①111－11=100；

②33×3+3÷3=100。

140. 模型飞机

8天能生产32架模型飞机。可以这样计算：4人工作4×4小时生产4架模型飞机。所以，1人工作4×4小时生产1架模型飞机，这样每人工作1小时就生产1/16架模型飞机。

因此，8人每天工作8小时，一共工作8天，生产的模型飞机数目就是8×8×8×1/16=32架。

141. 摆放旗子

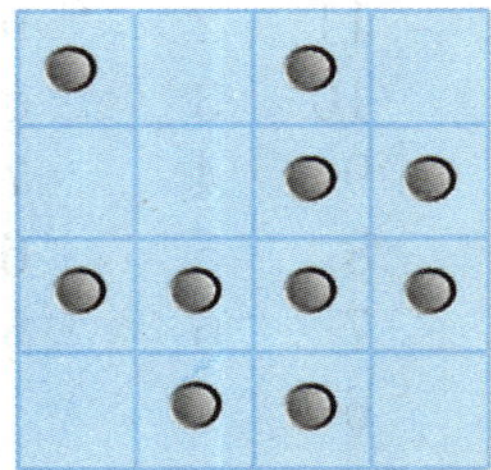

142. 填表格

善于观察的人会发现这是电脑键盘最左边的字母排列顺序，答案自然很容易就知道了。（如图）

143. 划船过河

9次。因为他们每次都要有一个人把船划回来。

144. 一次解决

从6个瓶子里分别取出11，17，20，22，23和24粒药丸来，然后放在一起称一次就可以知道问题出在哪儿瓶里。比如，称量之后超重53毫克，而这6个数字能构成53的组合只有一种，即11＋20＋22。因此，问题就出在第1瓶、第3瓶和第4瓶。

145. 火柴棒围城

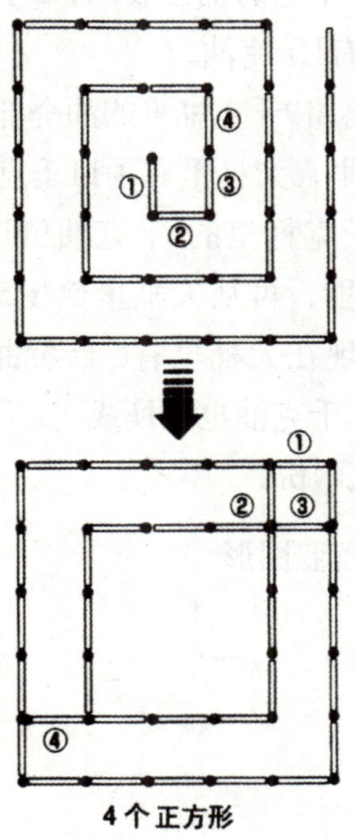

4个正方形

146. 重新排列

它们应该是按这样的顺序排列的：1、1、2、3、5、8、13、21。

很明显可以看出，前两个数之和等于后一个数，这就是世界上有名的斐波纳契数。

147. 正确的出路

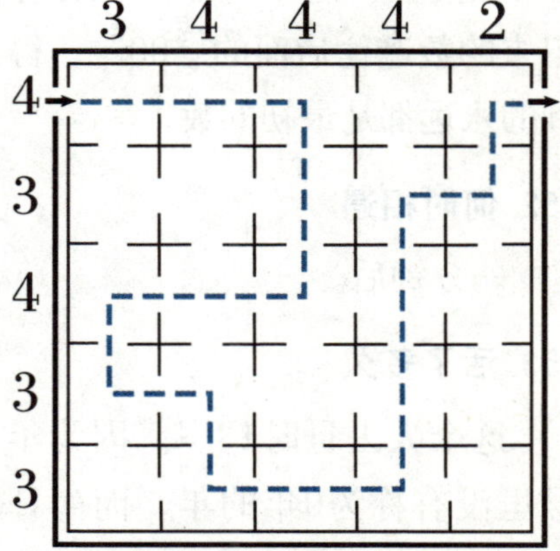

148. 金字塔的高度

挑一个好天气，从中午一直等到下午，当太阳的光线给每个人和金字塔投下长影时，就开始行动。在测量者的影子和身高相等的时候，测量出金字塔阴影的长度，这就是金字塔的高度，因为测量者的影子和身高相等的时候，太阳光正好是以45°角射向地面。

149. 三个9

9的9次方的9次方。这个数等于多少，至今还没有人计算过。

150. 猜拳必胜

连续出对手刚出过的并且输了的拳。

151. 这个数是多少

任何数。这个奇妙的组合算出来的数遮住后面的“00”，得到的永远都是最初的数。

152. 何时相遇

一分钟后。

153. 活了多久

这个人去世时18岁。因为年号里没有称为0年的年，而生日前一天或者后一天之差，在年龄上就差一岁。

154. 填数字

6	2	9	3	7
3	7	6	2	9
2	9	3	7	6
7	6	2	9	3
9	3	7	6	2

155. 巧装弹珠

将100个小球中含有3的数字，3 、13、23、33、43、53、63、73、83、93的小球挑出，分别装到盒子里，剩余的小球每个盒子里装9个即可。

156. 三只桶分水

先从大桶中倒出5千克油到5千克的桶，再将5千克桶里的油倒到9千克的桶里，再从大桶里倒出5千克油到5千克的桶里，然后把5千克桶里的油将9千克的桶灌满。现在，大桶里有2千克油，9千克的桶已装满，5千克的桶里有1千克油。

再将9千克桶里的油全部倒回大桶里，大桶里有了11千克油。把5千克桶里的1千克油倒进9千克桶里，再从大桶里倒出5千克油，现在大桶里有6千克油，而另外6千克油也被换成了1千克和5千克两份。

157. 百变图形

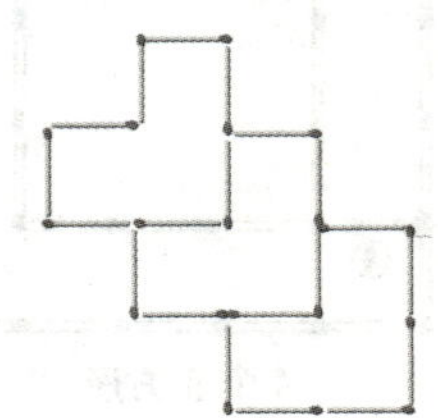

158. 动用多少钱

只要让乙、丙、丁各拿出10元钱给甲就可以了，这样只动用了30元钱；否则，每个人都按照顺序还清的话就要动用100元钱。

159. 没有符号的数学题

《三角》、《几何》共计九角。《三角》三角，《几何》几何？

《几何》书价是六角。

160. 正方形的扇子

161. 减少一半

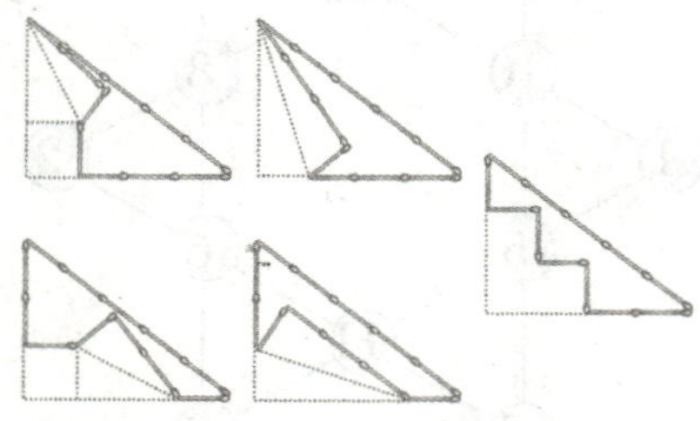

162. 看图找规律

6。根据规律所得，方框外面的数字相加之和除2即为方框里面的数字。

163. 强大的火柴棒

将两根火柴棒底端的正方形对齐，然后将其中的一根转动45°角即可。（如图）

164. 不同的生肖

5个人。属相一共有12个，假设答案是2个人时，拥有不同属相的概率是12/12×11/12=92%。而3个人拥有不同属相的概率是12/12×11/12×10/12=76%。以此类推，当人群中有5个人时，拥有不同属相的概率是38%，降到了50%以下。5个人拥有不同属相的概率是38%，那么其中最少有2个人是相同属相的概率就是62%。

165. 梯形颠倒了

移动4根。（如图）

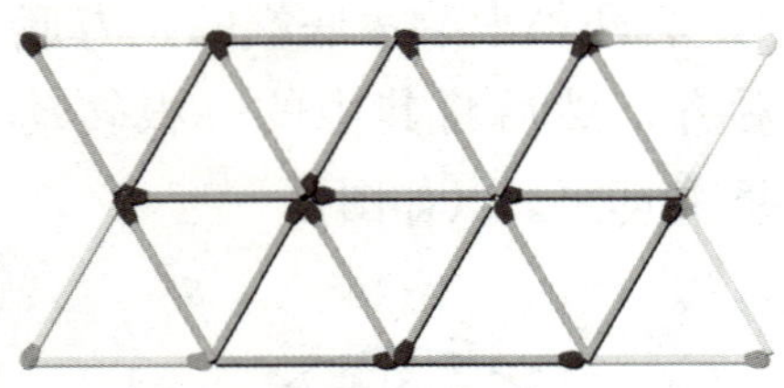

166. 大三角，小三角

把小三角形颠倒过来，就能立刻看出大三角形是小三角形的4倍。

167. 少了的数字

6。最后一行是上两行的平均数。

168. 两个等式

（1）1＋2＋3＋4＋5＋6＋7＋8×9=100

（2）123－45－67＋89=100

169. 方格里的数字

170. 取胜的方法

让你的朋友先说，你所说的数加上你朋友说的数值刚好等于11。依此类推，等你们所说的数值总和达到99的时候，即使你的朋友说“1”，他也会输。

171. 乒乓球赛

冠军只有1人，28人中的27人都要被打败，27人被打败就需要27场比赛。

172. 数字六角形

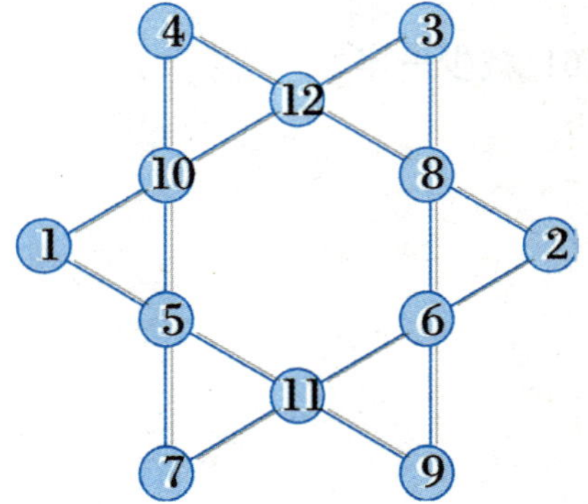

173. 导师的生日

这位导师的生日是1月8日。

174. 1号是星期几

星期六。

175. 隐藏的数字

176. 客船相遇

从香港开往费城的客轮，除了在海上会遇到13艘客轮以外，还会遇到2艘：一艘是在开航时候遇到的（从费城开过来的客轮），另一艘是到达费城时遇到的正从费城出发的客轮。所以，加起来一共是15艘客轮。

177. 合适的数字

34。用正方形的斜对角组成的数相减所得出的数就是正方形中间的数。

99－65=34。

178. 需要多久

32小时。这个洞的容积是第一个洞的8倍。因此12个人来挖的话需要的时间是原来的8倍，6个人来挖就需要原来的16倍。

179. 变换位置

此题解答的关键是把“6”这张卡片颠倒过来变成“9”，这样就是“1”、“2”、“9”。

180. 天才的困惑

七边形上每个边的数字总和为26。（如图）

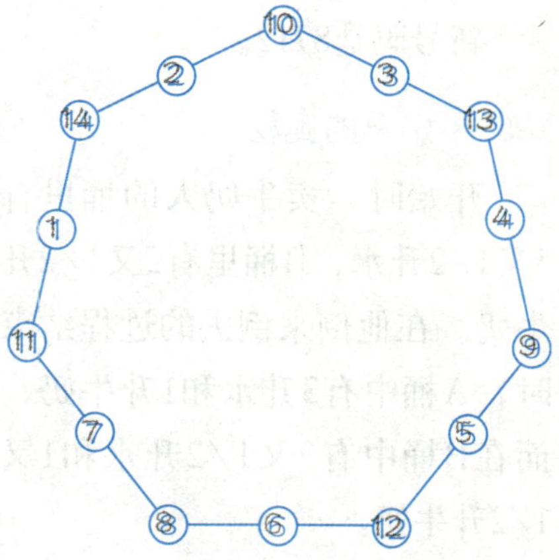

181. 五个数的运算

+29，×7，－94，×4，－435。

(+29×7－94)×4－435=1。

182. 图形数字

16。

□=4，　◇=7，

△=6，▽=5。

183. 如何四等分

184. 壮壮的新号码

新号码是8712。

185. 牛奶里的奥秘

开始时，卖牛奶人的桶里有5又1/2升水，B桶里有2又1/2升牛奶。在他倒来倒去的过程结束时，A桶中有3升水和1升牛奶，而在B桶中有2又1/2升水和1又1/2升牛奶。

186. 多少个长方形

32个长方形。如果不信，你可以亲自试一试。

187. 足球上的图形

正五角形12个、正六角形20个。

188. 表格里的疑问

26。第一列数乘以第二列数，再加上第三列数，等于第四列数。

189. 有多少蜜蜂

一共有14641只蜜蜂。

第一次搬兵：

1+10=11（只）

第二次搬兵：

11+11×10=11×11=121(只)

第三次搬兵：……

一共搬了四次兵，蜜蜂总数为：

11×11×11×11=14641(只)。

190. 三角数字

14。提示：三角形外面的数字相加之和乘以2即为三角形里面的数字。

191. 纸有多高

A。这叠纸的厚度将达到3355.4432米，有一座山那么高。

192. 喝了多少杯

一杯咖啡。

193. 数独游戏

1	4	9	8	3	7	5	2	6
2	5	3	9	4	6	1	7	8
7	8	6	5	1	2	4	3	9
8	1	2	3	7	5	6	9	4
3	9	4	6	2	8	7	1	5
5	6	7	1	9	4	3	8	2
4	3	8	2	6	1	9	5	7
9	7	5	4	8	3	2	6	1
6	2	1	7	5	9	8	4	3

194. 遗嘱上的难题

从末尾开始，最小儿子得到的金条数目，应等于儿子的人数。金条余数的1/7对他来说是没有份的，因为既然不需要切割，在他之前已经没有剩余的金条了。

接着，第二小的儿子得到的金条，要比儿子人数少1，并加上金条余数的1/7。这就是说，最小儿子得到的是这个余数的6/7。从而可知，最小儿子所得金条数应能被6除尽。

假设最小儿子得到了6根金条，那就是说，他是第六个儿子，那人一共有6个儿子。第五个儿子应得5根金条加7根金条的1/7，即应得6根金条。

现在，第五、第六两个儿子共得6+6＝12根金条，那么第四个儿子分得4根金条后，金条的余数是12/（6/7）＝14，第四个儿子得4+14/7＝6根金条。

现在计算第三个儿子分得金条后金条的余数：6+6+6即18根，是这个余数的6/7，因此，全余数应是18/（6/7）＝21。第三个儿子应得3+（21/7）＝6根金条。

用同样方法可知，长子、次子各得6根金条。我们的假设得到了证实，答案是共有6个儿子，每人分得6根金条，金条共有36根。

有没有别的答案呢？假设儿子数不是6，而是6的倍数12。但是，这个假设行不通。6的下一个倍数18也行不通，再往下就不必费脑筋了。

195. 如何完成任务

最少需要3人。

196. 橘子怎么分

在帮丙必须打扫的3天中，甲多打扫2天，即2/3；乙多打扫1天，即1/3。因此，甲家得6斤橘子，乙家得3斤橘子。

197. 该坐哪趟车

哪辆车先来就乘坐哪一辆，因为价钱都一样，而且间隔时间也不长，没有必要走一站地再坐车。

198. 切柠檬

单数的一半再加上半个，正好是整数，可取3、5、7。但3、5不符合条件，所以可以推断出柠檬的总数一共有7个，其中4个被藏在屋子的东面，2个被藏在屋子的西面。

199. 月月分苹果

把3个苹果各切成4份，把这12个半块分给每人1块。另4个苹果每个切成3等份，这12个1/3也分给每人1块。于是，每个孩子都得到了一个半块和一个1/3块。也就是说，12个孩子都平均分到了苹果。

200. 摆放垃圾桶

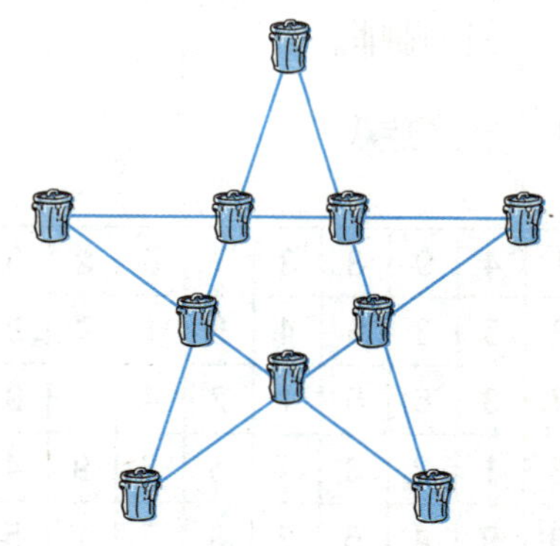

201. 计算盈亏

赔了20元。赚了10%后是990元，原价是：990÷（1+10%）=900元；赔了10%后是990元，原价是：990÷（1−10%）=1100元；那么两台电视机，原来进价为900+1100=2000元，现在卖了990×2=1980元。因此，赔2000−1980=20元。

202. 帮兔子找吃的

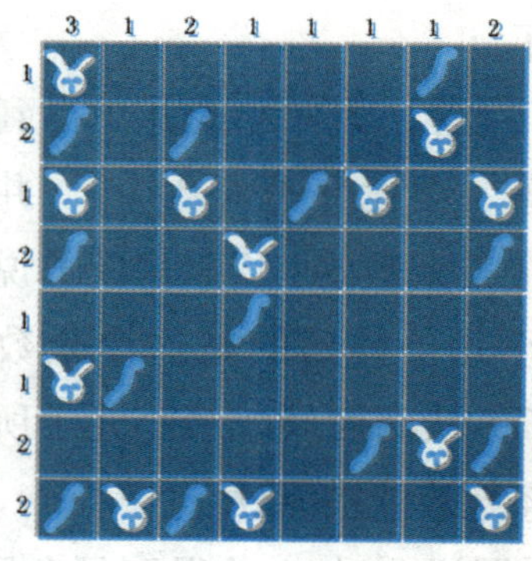

203. 一笔成画

这个图可以经过13个转折一笔画成：

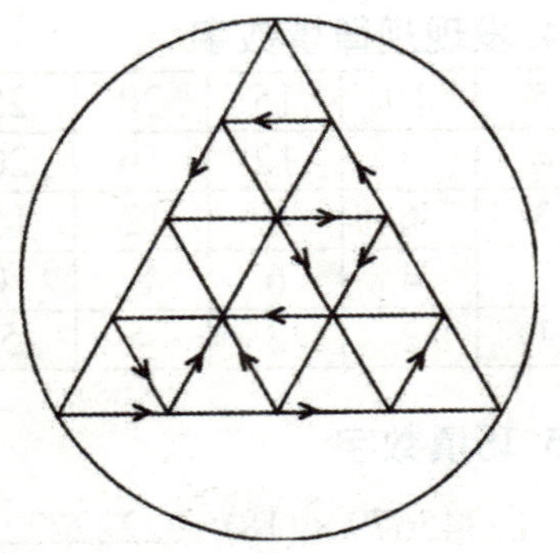

204. 数学，无处不在

上联中的“花甲”是指60岁，“花甲重开”就是两个60，“三七岁月”是21岁，即60×2+3×7=141。下联中的“古稀”指七十岁，“古稀双庆”就是两个70岁，“一度春秋”就是1年，即70×2+1=141。

205. 快速求值

(9871+9879)÷2，

(9872+9878)÷2，

(9873+9877)÷2，

(9874+9876)÷2，

以上都是均等的数字:9875。

这道算式可简化为：

(8×9875+9875)÷9=9875。

因此，最后求得的值是9875。

206. 容器所用的次数

2升的用了3次，3升的用了15次，5升的用了15次。

207. 等于2009的算式

3×3+(3+3)÷3+333×(3+3)−3+3=2009。

208. 按要求跳舞的圆环

1→5，3→7，7→1，8→4，4→3，3→7，6→2，2→8，8→4，4→3，5→6，6→2，2→8，1→5，5→6，7→1。

209. 设计路线

A−G−N−D−F−B−R−W−H−P−Z。只有按这条路线走，才能做到从A点到Z点每个路口走一次而不重复。

210. 简洁路线

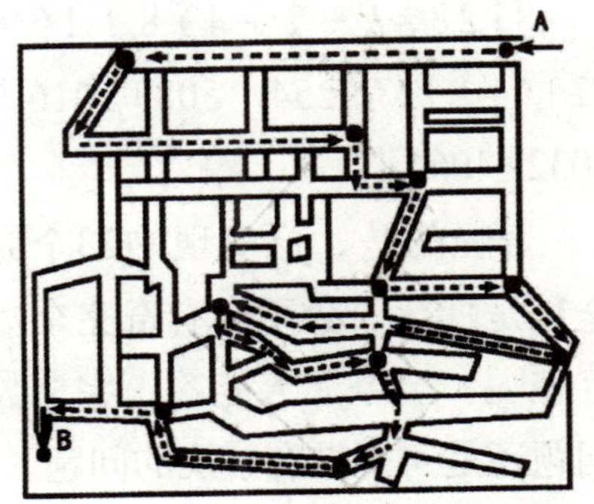

211. 三角形上的数字

如图。

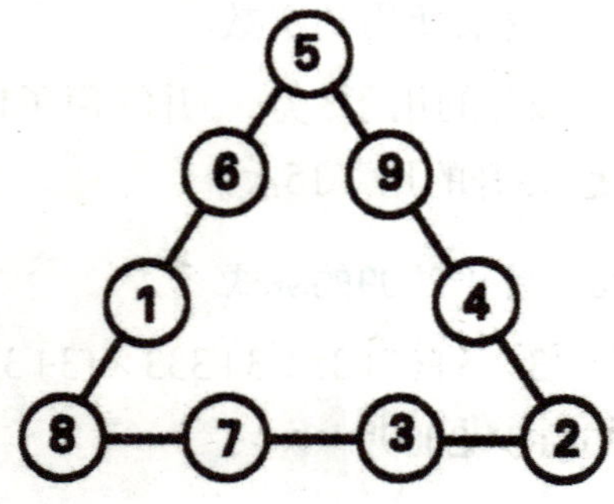

212. 有范围寻找

20～30中的完全数是28。因为除28以外的28的因数是1，2，4，7，14，而28=1+2+4+7+14。

寻找完全数并不是容易的事。经过不少数学家研究，到目前为止，一共找到了23个完全数。第三、四个完全数是：

496=1+2+4+8+16+31+62+124+248

8128=1+2+4+8+16+32+64+127+254+508+1016+2032+4064

奇怪的是，已发现的23个完全数是偶数，会不会有奇完全数存在呢？至今无人能答。完全数问题还是一个没有解决的问题。

213. 反向推断

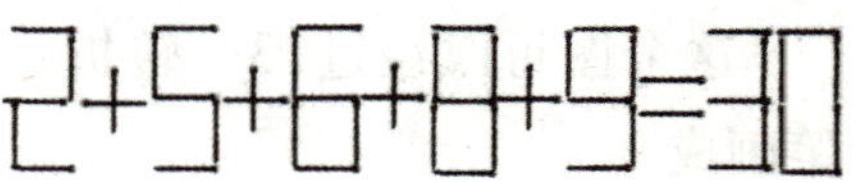

214. 发现规律填数字

5	10	15	20	25
4	8	12	16	20
3	6	9	12	15
2	4	6	8	10
1	2	3	4	5

215. 巧填数字

12345679×(18)=222222222

12345679×(27)=333333333

12345679×(36)=444444444

12345679×(45)=555555555

12345679×(54)=666666666

12345679×(63)=777777777

12345679×(72)=888888888

12345679×(81)=999999999

216. 如何公平分配

如图。

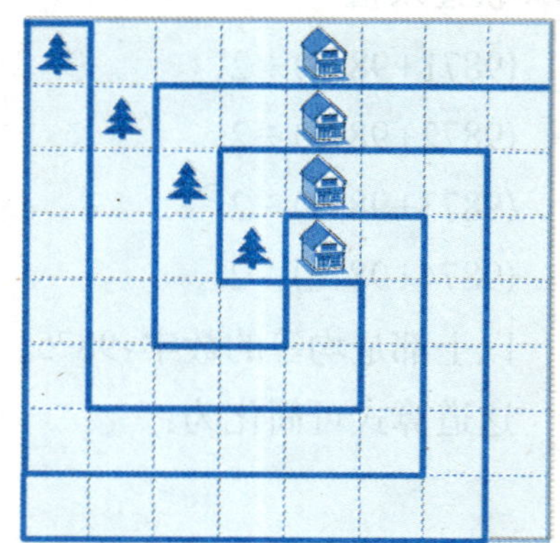

217. 填补空缺

25。该数列的规律是：

$(16+14)\div(12-9)=10$，$(25+15)\div(16-8)=5$，故问号处应为$(11+39)\div(17-15)=25$。

218. 最小的整数

这个最小整数应该是11。

219. 星形数

127。

220. 猜数字

20。把前两个数字相加，和与第三个数字相乘即为最后一个字。

221. 小皮球买卖

225个。

30个的本钱是$30\times0.35=10.5$元。加上还赚了12元一共22.5元。要卖22.5除以$0.45-0.35=225$。

222. 最大化移动

如图。

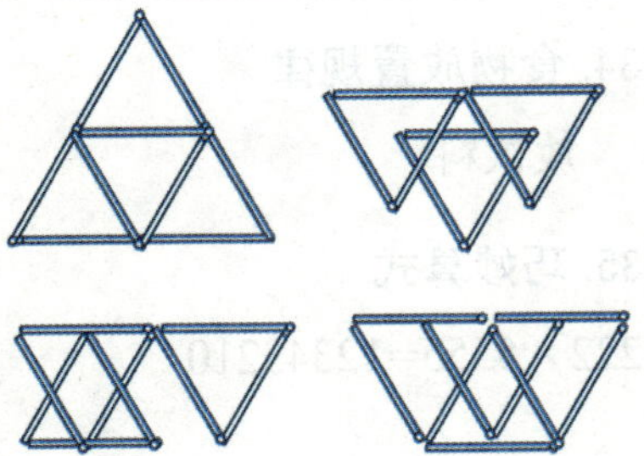

223. 汉字与数字

快=69，乐=91，

数=86，学=18。

224. 你来计算面积

48.56。根据题意可得：$6\times2\times3+(1\times2)2\times3.14\times(120/360)\times3=36+4\times3.14=48.56$。

225. 价钱多少

已知围巾的价钱为2美元，由“7条围巾=2条裤子的价钱”可知，裤子的价钱为7美元；再由“2条裤子+5条围巾=2件上衣，”可知，上衣为12美元……以此类推，根据后来得出的结果，套入适合的条件，将依次得出帽子为5美元，鞋子为9美元。因此，上衣、裤子、鞋子和帽子的价钱分别是12美元、7美元、9美元、5美元。

226. 高级迷宫

227. 小狗的膳食比例

7/15。

228. 行进的路线

答案如图。

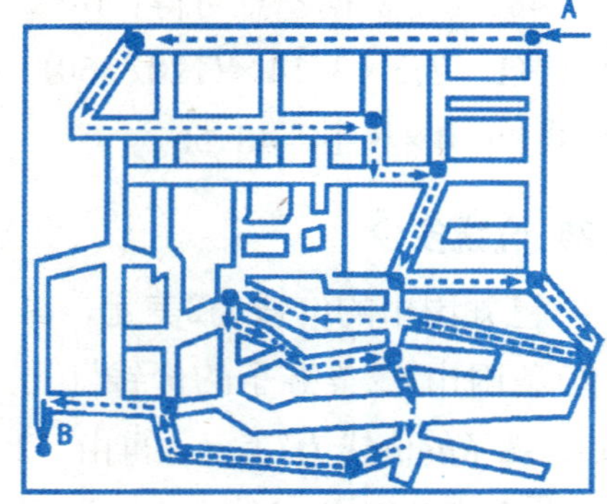

229. “1”的奇妙算式

1×1=1

11×11=121

111×111=12321

1111×1111=1234321

11111×11111=123454321

230. 找出数列的规律

选D。各项中0的个数呈1、3、5、7的规律；各项除0以外的元素呈奇偶，奇奇偶偶，奇奇奇偶偶偶，奇奇奇奇偶偶偶偶的规律。

231. 把费用降到最低

只要13元。

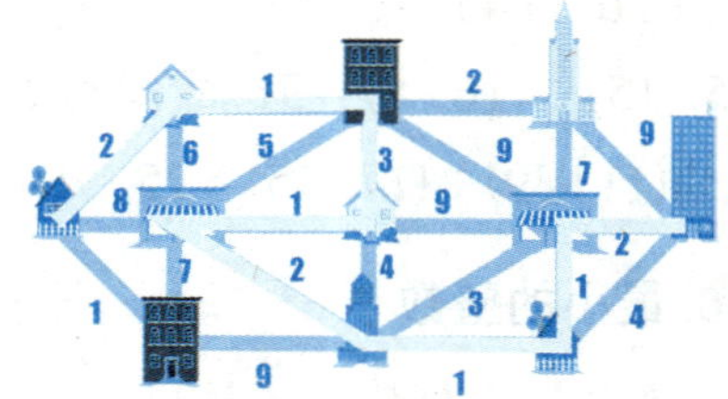

232. 众口调和

这顿饭需要15分钟。把23条鱼和适量的土豆丝一起炸，在各人希望的时间里捞出各人要吃的量即可。

233. 精巧排列

如图。

234. 食物放置规律

放饮料。

235. 巧妙算式

2222×5555=12343210

22222 × 55555=1234543210

222222 × 555555=123456543210

2222222 × 5555555

=12345676543210

236. 七连环填数

如图。

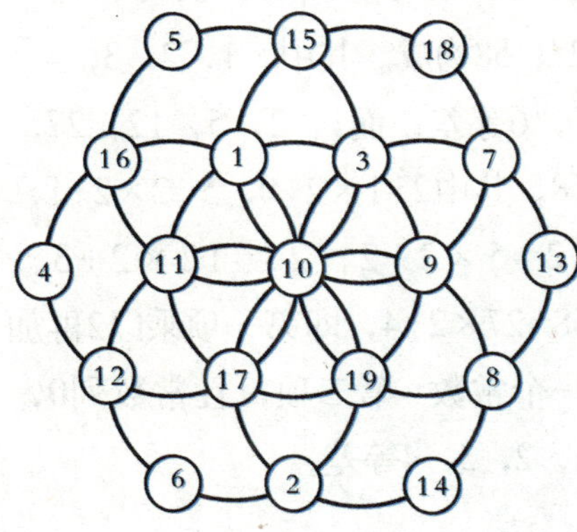

237. 按要求填数字

□=8　　△=4

238. 细节留下的线索

刑警看到蜡烛后，产生了怀疑，再加上停电，蜡烛一直没有熄灭。假如王先生是在自己屋里被杀，过了24个小时，蜡烛早就燃尽了，一定是有人夜里把尸体弄来，走时忘了熄灭蜡烛。

239. 在规定范围中寻找

272。能被5整除的自然数有200个。能被11整除的自然数有90个，既能被5整除又能被11整除的自然数有18个。所以能被5或11整除的自然数的个数是：200+90－18=272个。

240. 观察比赛

125.64。小数点左边：1，8，27，64，125分别是1，2，3，4，5的三次方，小数点右边：16，25，36，49分别是4，5，6，7，8的平方。

241. 空格填数

7	+	4	+	5	=16
×		×		×	
8	+	9	÷	3	=11
+					
6	+	1	×	2	=8
↓		↓		↓	
62		35		13	

242. 计算票数

答案：共有147人参加投票。由于起初的赞成票与反对票之比为4:3，但后来有11票赞成票转投到了反对票，因此反对票多出一票。这说明21票是所有票数的1/7，所以共有147人参加投票。

243. 精准求和

如图。

8	7	6	8	7	12	9	1
7	12	7	6	4	3	2	14
8	9	7	8	5	7	11	1
8	8	10	7	6	16	10	1
4	9	13	4	12	2	15	6
8	5	2	2	4	9	8	15
6	9	8	14	14	8	2	1
9	6	10	5	12	1	5	17

244. 有多少苹果

这筐苹果至少有59个。根据题目条件，可以知道，这筐苹果的个数加1，就恰好是2、3、4、5、6的公倍数。而题目要求“至少有多少个”，所以，苹果的个数应该是2、3、4、5、6的最小公倍数减去1。[2，3，4，5，6]=60，60−1=59。

245. 金字塔与数字

177

102　75

57　45　30

30　27　18　12

14　16　11　7　5

5　9　7　4　3　2

246. 图形变幻的规则

C。

247. 有难度的数列

348。先分解各项：1=1×1，4=2×2，15=3×5，48=4×12，135=5×27，348=6×58各项由1，2，3，4，5，6和1，2，5，12，27，58构成。其中，1，2，3，4，5，6等差；而1，2，5，12，27，58，其中2=1×2+0，5=2×2+1，12=5×2+2，27=12×2+3，58=27×2+4，即第一项乘以2再加一个常数=第二项，且常数列0，1，2，3，4等差。

248. 按规律填数

① 4 ② 23 ③ 94 ④ 4

249. 有趣的符号

3	×	4	+	3	-	8	=	7

250. 狗狗吃骨头

1−7−9−2−8−10−3−5−11−4−6−12。如下图：

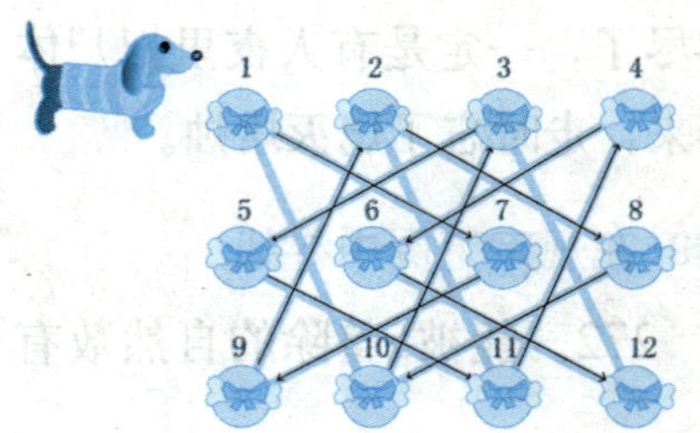

251. 你知道这个数字吗

B。

252. 干洗店的计算

（1）15位，（2）24位，（3）10位，（4）34位，（5）73位。

253. 数学教师的证据

凶手是位314室的人。被害人手里握着麻将牌，意味着圆周率的π（牌）。圆周率是3.1415…无限的数，一般是按3.14计算。被害人因是数学老师，所以在断气前的一瞬间，抓住身旁的一张牌，告诉凶手是314室的人。

254. 有规律的数字组合

如图。在三角形中，每个处在内部的数字都是它上面与之紧密相连的两个数字的乘积。比如，数字8是2×4所得的结果，依此类推。

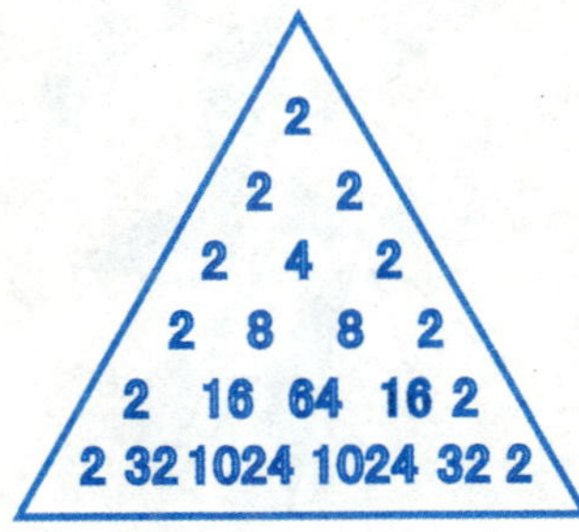

255. 符号与数字

其他符号的值如下。

✪ = 7　↗ = 5

⛉ = 4

256. 说出他们的顺序

排队的顺序是：芬尼、杰尼、杰克、鲍勃、汤姆、沃克。

257. 阴影组合

B。横向进行计算，把左边和右边的表格上下颠倒，再把表格中的图形加在一起，就是中间的图像。

258. 找规律填图

E。从上向下纵向进行，每次移走一个原点。

259. 寻找丢失的数字

9，4，3，7。从左下角数字开始，沿底行进，到达尽头后进入上一行，依此类推，重复“79364”这个顺序。

260. 你来说出这个数字

3。按行计算，把每一行当做一个四位数，这个数字依次是14到17的立方。

261. 巧移火柴

262. 棋子的走法

一共有4种走法，具体如图。

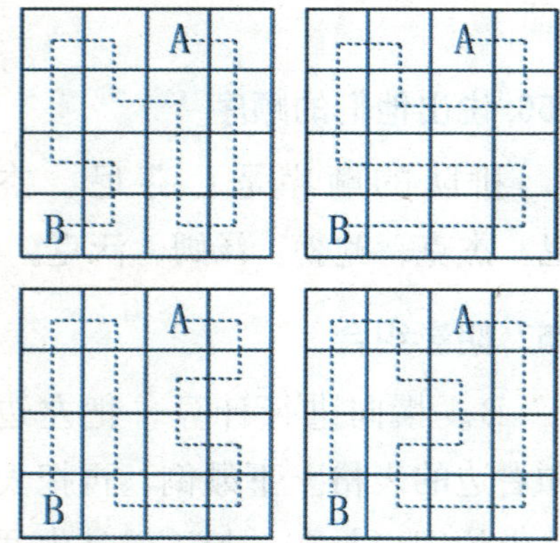

263. 走路方案

答案：35种。

264. 排列皇冠

如图。

265. 这个数字是几

2。排列规律为：前三行，由上至下，每行数字之和依次是5，10，15； 后三行，由下至上，每行数字之和依次也是5，10，15。因此，中间一行数字之和就应该是20。因此，问号处应该填2。

266. 让图案完美无缺

答案为C。这个方格可以细分为由4乘4个小方格组成。当你在整个画面中从左上角先向右上角然后再向左下角和右下角描画出一个Z字形，你会发现图案的角度旋转了1/4。

267. 寻找隐藏的五角星

如图。

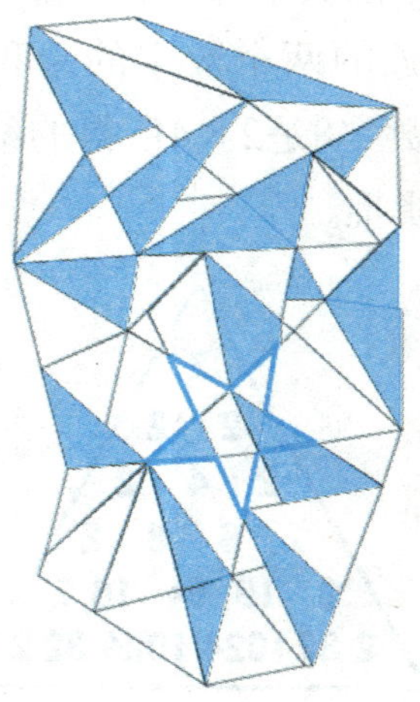

268. 保安的最佳路线

如图。

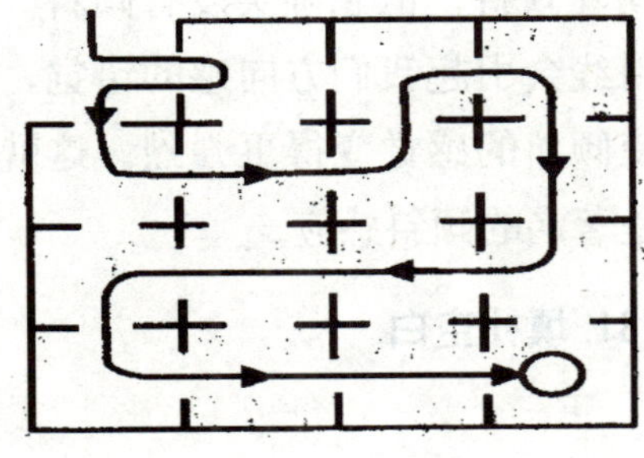

269. 组合图形的规律

A。

270. 有难度的卡片移动

将盒子转换180°即可。

271. 让图像完整

A。在每一行中，从左到右进行，心形围绕正方形的角顺时针移动，十字向下移动一格，三角形围绕中间的四个方格做逆时针移动。

272. 平面变化

D。

273. 慧眼填图

B。

274. 按要求变化

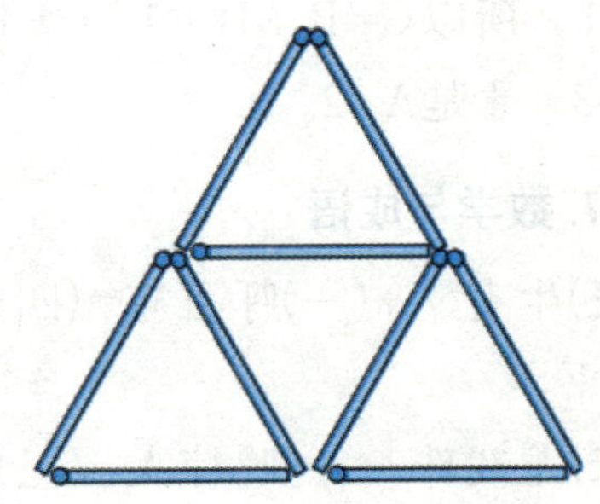

275. 神秘的等腰三角形

如图。

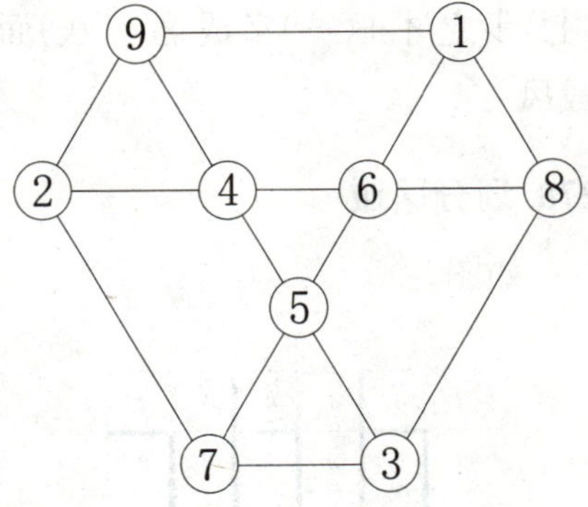

276. 字母与数字

现在我们可以根据智慧点睛中的运算结果来确定算式中的数字。由于和的首位B是由进位而得的，而A＋C最大只能是11，因此不管下一位B＋B是否进位，A＋C只能进位1，从而得B=1；将B=1填入后，立即可得D=0。现在A和C只能在2和3中取，但不论2+3还是3+2都会进位1，所以C=B+B+1=1+1+1=3，于是A=2。

277. 数学与成语

(三)生有幸+(一)呼百应=(四)海升平

(二)龙戏珠+(一)鸣惊人=(三)令五申

(零)敲碎打+(一)来二去=(一)事无成

(七)步之才+(一)举成名=(八)面威风

278. 划分区域

如图。

7	1	4	4	4	3
3	5	5	3	5	2
5	5	1	3	5	0
1	4	3	2	0	5
3	0	4	5	6	4

279. 母鸡的理想

母鸡能在格子里下12个蛋。

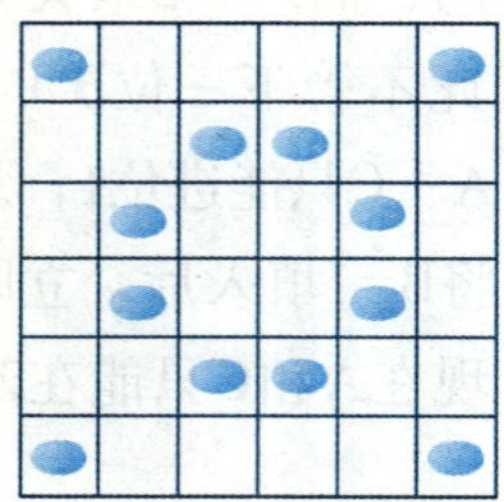

280. 斜线不斜

尽管竖直的线条看起来有点朝外倾斜，但它确实没有倾斜。斜线会引起我们方向感的错觉，使倾斜的感觉变得更强烈。这就是著名的倾斜感应。

281. 填补空白

F。

282. 挑选异类

E。其他的图像都可以通过旋转得到。

283. 计算面积大小

2部分面积更大。如图，将1、2两部分分成小三角形可一目了然。

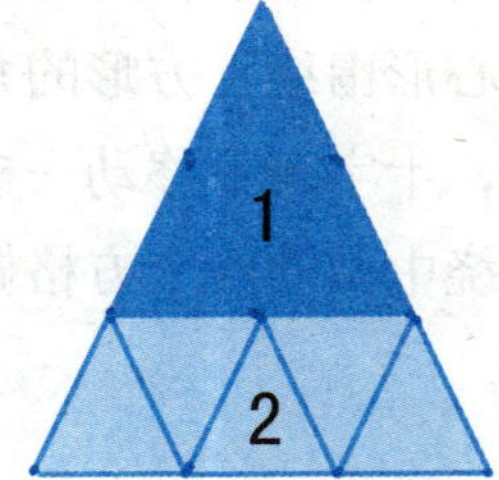

284. 如何平分

$3^3+4^3+5^3=2^3+6^3+12^5=216=6^3$。由此可见，最大正方体的体积，恰好等于另外三个体积的和。所以，平分的方法是3个小立方体为一份，一个大立方体为一份。

285. 推测时间

警长是从蜡烛的熔化情况来判定被害时间的。由蜡烛的上端熔化部分呈水平状态来看，船在触礁而倾斜时蜡烛还在燃烧着。海水的涨潮和退潮，期间总是隔着6个小时轮流变化着，这艘船被发现的时候是上午九点左右，此时恰好是刚退潮。由此可知，此次退潮水至上一次的退潮水，期间只涨过一次潮水，以此可推论船是在昨晚九点左右触礁倾斜，凶手也是在此刻下手的。倘若凶手是在涨潮之时进入船室吹熄蜡烛作案的话，那么蜡烛上端熔化部分应和船体倾斜的状态呈同样的角度才对。

286. 选择同类

B。

287. 哪个与八面体无缘

C。

288. 四圆相对

一样长。圆的周长是直径与圆周率的乘积，而4个小圆的直径之和刚好等于大圆的直径，圆周率是一定的，所以两者当然相等。

289. 六边形内部之变

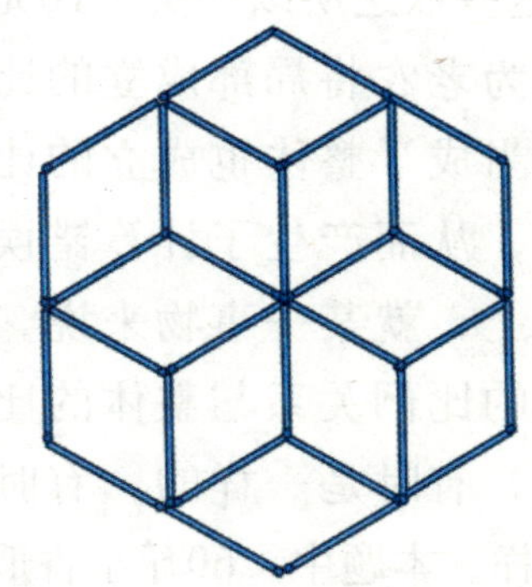

290. 阶梯求数

2064。数列的规律为：前一个数加上1，再乘以3，得下一个数。

291. 与众不同的数

⑤与众不同。其他四组数都符合以下规律：每一个数的前两位相加等于三四位组成的数，而第二位加上三四位组成的数等于末尾两位组成的数。

292. 色子上的数学

40。三个色子的点数之和为63，我们能见到的面的点数之和为23。

293. 燃烧了多久

这两支蜡烛各燃烧了3小时45分钟。

294. 少卖了10元

这些瓜之所以少卖了10元，是因为老农将局部成立的比例关系当成了整体也成立的比例关系，从而产生了计算错误。事实上，就某一事物来说，其局部的比例关系与整体的比例关系，有时是一样的，有时却不一样。本题中，60斤小香瓜按3斤一份划分，可以分为20组；而60斤大香瓜按2斤一份划分，则能分为30组。因此，将它们按3:2的比例关系搭配时，组合到第20组时，小香瓜就组合完毕，余下的10组20斤大香瓜就不能再按3:2的比例组合，只能以大香瓜的实际价格来卖了。如果仍将这20斤大香瓜按搭配价格来卖，自然就会少卖钱了。按原来的方法卖，老农一共可以卖：60÷2×5+60÷3×5=250（元）。但是按年轻人的方法搭配之后，老农一共卖了：60×2÷5（组）×10（元）=240（元）。少卖的10元就是这样产生的。

295. 找出问题

图中的帐篷形状是正六棱锥，那么棱锥底面是正六边形，每个内角等于120°。侧面是正三角形，那么侧面的每个底角都是60°。这时在棱锥底面任一顶点处的三面角中，三个面角将是60°、60°、120°，不满足“任意两个面角之和大于第三个面角”。所以这样的三面角不存在。

296. 填补空缺

25。该数列的规律是：

(16+14)÷(12−9)=10,

(25+15)÷(16−8)=5,

故问号处应为：

(11+39)÷(17−15)=25。

297. 选出另类

C。

298. 你同意吗

不对。因为乒乓球比较大，所以乒乓球与乒乓球之间有很多空隙。而黄豆的颗粒较小，二者相混时黄豆会进入乒乓球间的空隙，这样，总共的体积就没有3立方米了。

299. 火柴杆等式

如图。

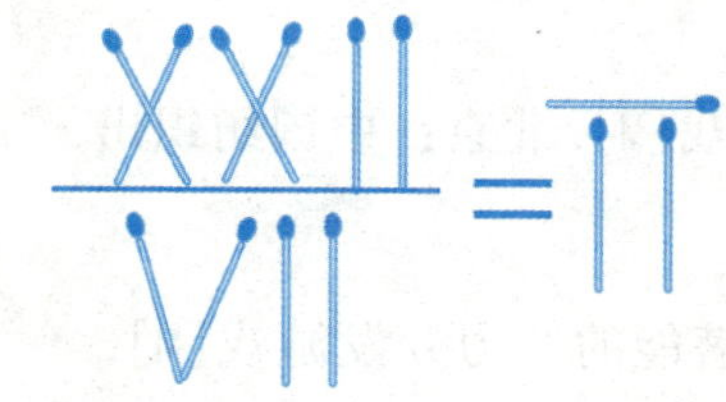

300. 由大变小

如图。

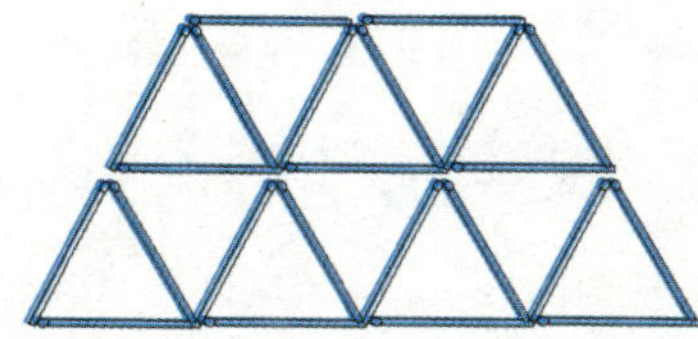

301. 换蛋糕

假设先买161个蛋糕，吃完后用这161个空蛋糕盒可换回32（161÷5=32.2）个蛋糕，接着再把这32个蛋糕退掉，就发现实际上只需要，买161－32=129个蛋糕。所以小芳家这半个月买了129个蛋糕。

参考文献

[1]陈书凯.200个聪明人的数字思维游戏[M].北京：中国纺织出版社，2006.

[2]武瑛娟.玩出聪明头脑：激发无限潜能的智力开发游戏[M].北京：中国纺织出版社，2008.

[3]武瑛娟.玩出聪明头脑：清除思维障碍的智力开发游戏[M].北京：中国纺织出版社，2008.